새관점 논쟁 요약

새관점 논쟁 요약

초판 1쇄 발행 | 2025년 10월 27일

지은이 | 김영한
펴낸이 | 이한민
펴낸곳 | 아르카

등록번호 | 제307-2017-18호
등록일자 | 2017년 3월 22일
주　소 | 서울 성북구 숭인로2길 61 길음동부센트레빌 106-1805
전　화 | 010-9510-7383
이메일 | arca_pub@naver.com

홈페이지 | www.arca.kr
블로그 | blog.naver.com/arca_pub
페이스북 | fb.me/ARCApulishing
총　판 | 비전북

ⓒ 김영한, 저자와의 협약으로 인지는 생략되었습니다.
이 출판물은 저작권법에 의해 보호받는 저작물이므로 무단 전재와 무단 복제를 할 수 없습니다.
이 책 내용의 일부 또는 전부를 재사용하려면 반드시 저자와 출판사의 동의를 얻어야 합니다.
잘못 만들어진 책은 구입하신 서점에서 교환해 드립니다.

책　값 | 뒤표지에 있습니다
I S B N | 979-11-89393-47-2　03230

아르카ARCA는 기독출판사이며 방주ARK의 라틴어입니다(창 6:15).
네가 만들 방주는 이러하니 … 새가 그 종류대로, 가축이 그 종류대로,
땅에 기는 모든 것이 그 종류대로 각기 둘씩 네게로 나아오리니 그 생명을 보존하게 하라 _창 6:15,20

김영한
논쟁 요약
시리즈 2

새관점 논쟁 요약

새관점 필독서 50권
요약 소개 포함

New Perspectives
Debate on Paul

김영한 지음

아르카

추천사

바울의 새관점(NPP)은 "바울이 가르친 이신칭의를 어떻게 이해할 것인가?"에 대한 우리의 이해 지평을 넓혀주었다. 하지만 동시에, 새관점은 바울의 이신칭의에 관한 전통적 관점 혹은 옛관점을 반박하며 출발했기 때문에, 적잖은 반발을 일으키기도 했다. 지금은, 바울의 새관점을 이해하지 못하고서는 바울의 복음을 설명하기 어려운 시대가 되어 버렸다.

이 책은 바울의 새관점의 시작과 발전, 그리고 도전과 응전의 과정을 일목요연하게 정리해 주어, 바울의 이신칭의 가르침을 이해하려는 이들을 친절하게 안내한다. 또한 저자는 바울의 '새관점'의 발전단계를 3기로 나누어 설명하면서, 가장 최근의 독법(讀法)인 바울에 대한 묵시적 해석(apocalyptic Paul)을 이 설명에 포함시켜, 바울의 새관점이 발전해 가는 모습을 깔끔하게 정리해 준다. 특히나 본서는 바울과 유대교의 관계를 연속성과 불연속성의 렌즈로 조망하며, 어느 한 입장을 편들어 다른 견해를 일방적으로 공격하지 않으면서, 바울의 복음, 특히 이신칭의와 구원 개념의 다차원적 특징을 균형감 있게 설명해 준다. 바울의 새관점을 이루는 골조와 이를 둘러싼 중요한 동향을 알고 싶다면, 독자들은 이 책부터 읽어보아야 할 것이다.

_**김경식**, 웨스트민스터신학대학원대학교 신약학 교수

이 책은 수년간 부지런히 읽어야 할 바울에 관한 옛관점과 새관점의 방대한 도서들의 진액을 뽑아 한나절에 다 읽을 수 있는 분량으로 요약하여 독자에게 제공한다. 바울 연구의 장대한 산들을 여러 산맥으로 나누어 이름 붙이고, 각각의 특징을 일목요연하게 정리하여,

한눈에 파악할 수 있는 명확한 신학 지형도를 제시한다. 야전 사령관처럼 바쁘게 뛰어야 하는 목회 현장에서 치열하게 읽고 사색하며 토론한 긴 시간을 녹여, 독자들과 공유하는 근면하고 명철한 현장 목회자 김영한 목사의 이 겸허한 책은, 마치 전투 현장에서 나온 난중일기처럼 소중한 보석이다. _신현우, 총신대학교 신약학 교수

30여년 전 신대원의 은사들(김세윤 교수, 이한수 교수)을 통해 바울에 대한 옛관점(OPP)과 새관점(NPP)에 대해 알게 되었고, 당시 몇 권의 책을 스터디하는 모임에도 참여한 적이 있습니다. 그 후 톰 라이트의 '프레시 퍼스펙티브'가 크게 붐을 일으키는 것을 보게 되었습니다.
개인적으로는 아우구스티누스나 종교개혁자들이 바울을 오독했다고 하는 새관점의 주장에 동의한 적이 없습니다. 더욱이 톰 라이트가 죄의 전가와 의의 전가를 거부하는 이면에는 인간과 구속에 대한 관점의 차이가 있다는 점을 수업에서 강조하기도 합니다. 그러나 새관점의 역사를 개관적으로 학습하는 일은 바울 연구자에게 꼭 필요한 일에 속합니다.

평소에 청년 사역, 개척 사역 등으로 분주한 김영한 목사님이 『부활 논쟁 요약』에 이어 『새관점 논쟁 요약』을 간행하게 된 것을 기쁘게 생각합니다. 분주한 사역 중에도 50권의 책을 소화해서 간단명료한 입문서를 우리에게 선사했기 때문입니다. 본서를 통해 옛관점과 새관점의 차이와 새관점의 역사적인 개요 파악에 도움을 얻게 되기를 바라며, 자신의 입장을 더욱더 분명하게 하는 유익을 얻게 되기를 바랍니다.

_이상웅, 총신대학교 신학대학원 조직신학 교수

"바울을 어떻게 읽어야 하는가?" 하는 물음은 단순히 학문적 논쟁을 넘어, 우리의 믿음과 삶의 뿌리를 건드리는 깊은 질문입니다. 김영한 목사님의 『새관점 논쟁 요약』은 그 질문에 대해 성급한 결론을 제시하기보다, 지난 세대 학자들의 대화와 논쟁의 숲속으로 독자를 정직하게 안내합니다. 책장(冊張)을 따라가다 보면, 루터 이후 교회가 붙들어온 '옛관점'과 20세기 후반부터 본격적으로 제기된 '새관점', 그리고 그 이후의 다양한 해석들이 서로 부딪히고 보완하며 형성해 온 신학의 풍경이 선명하게 펼쳐집니다. 제1새관점에서 제3새관점까지 이어지는 학자들의 시도들은 단순한 이론 싸움이 아니라, 복음을 더 정직하게 더 역사적으로, 더 깊이 이해하려는 몸부림이었음을 알게 됩니다. 저자는 이 복잡한 논쟁을 무겁지 않게 풀어내면서도, 결코 가볍게 흘려보내지 않습니다. 독자는 이 책을 읽으며 바울을 새롭게 배우는 동시에, 신학이란 언제나 '본문과 현실 사이의 해석학적 긴장'을 살아내는 여정임을 깨닫게 될 것입니다. 이 책을 읽는 독자들은 단지 '새관점 논쟁'의 개념과 역사를 이해하는 것을 넘어, 성경을 더 깊이 사랑하고, 하나님 앞에서 솔직한 신앙의 길을 더욱 성실히 걸어가고 싶은 마음을 품게 될 것입니다.

_송민원, 이스라엘 성서연구소, 더바이블 프로젝트 대표

바울은 신약성경의 대부분을 집필한 저자이다. 그런 바울인 만큼, 신학자들과 주석가들에게 그에 대한 해석이 관점에 따라 논쟁의 대상이 되는 것은 얼마나 당연한지 모른다. 바울신학이 어떤 관점에서 이해되느냐에 따라 신약성경 전반의 신학적 해석도 달라진다. 그렇지만

그런 내용을 일반 목회자나 평신도들이 이해하기는 쉬운 일이 아니다. 더군다나 어느 한 시기에 나타난 하나의 논쟁이 아니라, 최근 100여 년간의 논쟁사를 다룬다는 것은 더더욱 쉽지 않다. 이 책의 원고를 받았을 때 무엇을 말하려고 하는지 너무도 궁금했다. 그러나 서문만 읽어보아도 그런 궁금증이 풀렸다. 본문의 내용은 용어와 문체, 내용의 구성이 일반 독자라도 단숨에 읽을 수 있도록 이루어져 있다. 독자의 입장과 관점이 이 책에 녹아 있는 점도 특별하다. 이 책은 바울신학 논쟁이 역사적으로 어떻게 전개되었고, 논쟁의 핵심이 무엇이었는지를 치열하게 분석하고 있다. 목회자의 분석이라고 하기에는 놀랍도록 치밀하다. 논쟁의 중심에 있는 신학자들의 주장을 빠짐없이 다루고 있다는 점은 차치하고라도, 신학적 분석은 예리함을 갖는다. 뒷부분으로 갈수록 저자의 해석이 덧붙여지는데, 저자가 왜 이 책을 집필하려고 했는지를 이해할 수 있다. 목회자라면, 신학을 알고자 하는 신학도라면 처음부터 마지막까지 정독하기를 권한다. 단순히 바울신학에 대한 이해가 아니라, 바울신학의 논쟁 속에 시대적인 신학의 흐름이 보이기

때문이다. _김정회, 서울장신대학교 객원교수

바울서신과 관련해서 최근 가장 핫한 이슈가 '새관점 논쟁'이다. 하지만 이 문제를 체계적으로 다룬 사람은 『새 언약과 율법』의 저자이신 신현우 교수님 정도가 손에 꼽힌다. 그런데 신학자가 아닌 목사가, 그것도 눈코 뜰 새 없을 정도로 바쁜 개척 교회 목사가 이 어려운 주제를 섭렵하고 논리정연하게 정리한 책을 펴내다니 경탄을 금할 길이 없다. 신학과 철학의 달인인 김영한 저자는 본서에서 새관점의 유래, 새관점의 대표적 학자들, 새관점 관련 서적들을 일목요연하게 제시한다. 이 책은 200페이지 남짓한 얇은 책이다. 하지만 본서 한 권 안에는 무려 50권의 새관점 주요 서적이 녹아 있다. 그러므로 '51권의 가치'가 있는 이 보물 같은 책을 소유하는 것만으로도 독자들은 그야말로 땡잡는 것이다.

_권혁정, 총신대학교 겸임교수

특정한 논증에 참여하기 위해 가장 먼저 필요한 것은 그 논증이 왜, 그리고 어떤 맥락에서 시작되었는지를 아는 일이다. 학문은 언제나 맥락 속에서 자라나며, 오늘의 논쟁은 어제의 문제의식 위에 세워진다. 그래서 신학자들은 오래전에 제기된 질문과 논증의 뿌리를 더듬으며, 오늘 우리가 서 있는 자리의 좌표를 찾는다. 이 작업은 길고 어렵고, 때로는 방대하게 느껴지기도 한다. 그래서 평신도는 공부의 망망대해 속에서 길을 잃고 표류하기도 한다. 김영한 목사님의 이 책은 소위 '새 관점'으로 불리는 바울신학의 복잡한 논쟁사를 평신도도 이해할 수 있는 언어로 풀어내며, 그 흐름을 차분하고 명료하게 짚어간다. 단순한 입장 소개를 넘어, 각 논쟁이 지닌 신학적 의미와 상호 교정의 가능성을 탐구하는 저자의 시선은 깊이와 균형을 함께 보여준다. 이 책은 새관점 논쟁을 보다 넓은 문맥 속에서 성찰하고자 하는 독자에게 믿음직한 길잡이가 되어줄 것이다.

_**이상환**, 미드웨스턴 한국부 성서학 조교수

논쟁은 단순히 소모적인 갈등이 아니라, 오히려 생산적인 사유와 성찰을 이끄는 과정이다. 특히 논쟁의 쟁점이 분명한 지향성을 담보하고 있을 때, 그 논쟁은 더욱 깊고 풍성한 열매를 맺는다. 논쟁에서 사용되는 텍스트(text)와 컨텍스트(context)를 끊임없이 해석하고 자리매김하는 그 모든 과정과 결과는 결국 논쟁이 남기는 귀중한 유산일 것이다. 이런 관점에서 『새관점 논쟁 요약』은 여전히 풍성한 열매를 남겨 둔 생명력 있는 나무이다. 논쟁의 출발은 "바울이 정말 전하려 한 것은 무엇일까?"라는 질문에서 시작되었다. 논쟁의 과정을 거치며 '여전히 복음, 율법, 칭의, 은혜, 공동체, 언약, 종말에 이르기까지 신학과 교회의 핵심을 다시' 질문하고 있다. 이처럼 '새관점'은 단지 하나의 학문적 해석을 넘어, 바울신학에 대한 자기 점검과 갱신을 촉진하는 계기가 되었다. 더 깊이 복음을 묻고, 더 정직하게 교리를 성찰하며, 더 풍성하게 공동체의 정체성을 이해하도록 했다. 그런데 저자는 『새관점 논쟁 요약』을 통해 그 기쁜 수확의 한 부분에 우리를 초대해 주었다. 저자는 이 치열한 논쟁의 바다 한가운데서도 능숙한 선장처럼 파고를 헤치며, 탁월하고도 명확하게 우리들을 항해의 끝으로 이끌고 있다. 이 책이 저자의 논쟁 시리즈 중 두 번째 권으로 출간되는 것은 그래서 더없이 당연하고,

또한 기쁜 일이다. 아울러 다음 여정을 더욱 기대하게 만드는 이유이기도 하다. _조성권, 순복음총회신학교 교수

한 주에 하루를 정해, 매주 모여 함께 공부한 '화성신철'(화요일 성경, 신학, 철학) 스터디 모임이 생산한 강의 및 발제 원고들, 집단 공부의 열기에 열정적으로 동참한 진지한 목회자와 평신도들의 존재, 그리고 이렇게 생산된 자료들을 약 200쪽의 길지 않은 분량에 단단하고 체계적으로 정리하는 편집자적 재능을 가진 저자, 이 특별하고도 실용적인 책은 이 세 요소가 결합해서 탄생했다. 서양 신학계에서는 1970년대에 처음 등장했다가, 1990년대 이후 논쟁으로 뜨거워지고, 한국 신학계에는 2000년대에 처음 번역서가 등장한 후, 2010년대 내내 가장 뜨거운 찬반 논쟁을 이끌어 낸 소위 '바울에 대한 새관점' 논쟁의 세부 사항을, 저자 김영한은 그가 이끈 스터디 모임을 통해 거의 완벽하게 습득했다. 전문 학자들 간의 세밀한 학문적 논쟁을 섭렵했을 뿐만 아니라, 일반 목회자와 지성적 평신도들이 이해할 만한 대중적 논의도 폭넓게 다룬 경험이 있는 그는, 문자 그

대로 '한눈에 보는 새관점 논쟁'이라는 부제목이 가장 잘 어울릴 책 한 권을 한국 독자들에게 선사한다. 그가 훑어내는 역사적 계보는 특히 유용하다. 그는 바우어, 슈바이처, 불트만, 데이비스, 케제만, 스텐달 등을 서양 신학계에서 1970년대 E. P. 샌더스의 등장으로 새관점 논쟁이 본격화되기 이전부터 활약한 선구자로 본다. 이어서 새관점 신학자들을 제1, 제2, 제3의 세대와 유형으로 분류한 후, 이들의 공통점과 차이점을 알기 쉽게 구분한다. 동시에 저자가 종교개혁의 전통적 개혁파 신학의 영향 아래 있는 만큼, 새관점 학파의 주장에 대한 전통 개혁신학의 반대와 비판도 충실히 소개한다. 한국인 독자에게 특히 유용한 것은 책 말미에 부록으로 실린 관련 주제 번역서의 목록과 간단한 서지학적 소개다. 새관점 논쟁에 관심은 있으나 참고문헌과 논쟁의 방대함에 질려 선뜻 첫 발을 내딛지 못했던 이들이 있다면, 이제 출발선상에서 들고 뛸 바통이 쥐어진 것이나 다름없다.

_이재근, 광신대학교 신학과 교회사 교수

바울신학을 이해하는 데 있어서 새관점(New Perspective

on Paul)은 지난 수십 년간 큰 논쟁을 일으킨 주제였다. 루터나 칼빈 이후의 개신교 신학은 바울의 '이신칭의' 교리를 중심으로 바울이 유대교의 '율법주의'와 '행위 구원'을 비판했다고 보았다. 하지만 20세기 중반 이후, E. P. Sanders를 비롯한 학자들은 단순히 개인의 구원 문제가 아니라 "누가 하나님의 백성인가?"라는 공동체적 질문에 대한 답을 찾으려는 새관점으로 성서 해석을 시도했다. 이러한 연구는 구원론을 개인주의에서 공동체·언약적 관점으로 확장하고, 바울신학을 1세기 유대교 문맥 안에서 재해석하려는 긍정적인 평가를 이끌어냈다. 이는 구약성서 배경에서 신약성서를 이해하려는 현대 성서학자들의 연구와 맞물려 있다. 『새관점 논쟁 요약』은 지난 수십 년간 신약학계를 뒤흔든 '새관점'의 논의를 주요 학자들 중심으로 일목요연하게 정리해 주고 있다. 전통적 해석과 새관점을 균형 있게 소개해서, 독자들이 직접 판단하고 사유할 수 있는 기회를 제공한다. 이 책을 읽는 순간, 바울이 정말 하고 싶었던 말에 한 걸음 더 가까워질 것이고, 마지막 페이지를 넘길 때면 바울이 전한 복음이 단지 과거의 교리가 아니라, 오늘 우리의 신앙과 공동체에 살아 있는 말씀임을 느끼게 해 줄 것이다. 이 시대의 탁월한 사상가이자 신학자인 김영한 저자의 정수(精髓)가 깃든 이 책을 신학 연구가뿐만 아니라 목회자와 평신도 모두에게 시대적 통찰을 제공할 필독서로 권한다.

_김종호, 한국침례교신학연구원 구약신학 교수

저자 김영한 목사는 이 시대의 열정의 사역자다. 교회를 세우고 사람을 키우는 목회와 복음사역을 위해 멈추지 않는 기관차와 같이 질주한다. 그런데 탁월한 실천가인 그는, 또한 격동하는 이 시대를 읽고 이해하기 위해 끊임없이 여러 방면의 많은 학문서적들을 읽고 연구하는 학자의 소양을 지닌 인물이기도 하다. 그리고 한 분야나 주제에 집중할 때, 그는 그것을 철저히 섭렵해서 끝장을 보는 독서를 한다. 그가 이번에는 사도 바울의 칭의론 논쟁을 다룬 책을 내놓았다. 역시나 많은 관련 서적들을 철저히 탐독한 뒤, 각 주장들을 잘 요약해서 내놓은 좋은 작품이다. 한국에서는 이 논쟁의 중심에 주로 새관점의 제임스 던과 톰 라이트, 그리고 옛관점을 기반으로 그들에 맞서 싸우며 양자 입장의 절충과 타협의 길을 모색하는, 그로 인해 옛관점을 이탈했다는 비판을 듣는 김세윤이 자리하고 있다. 그러나 세계의 지평으로 나가면, 훨씬 많은 학자들이 다양한 목소리를 내놓으며 이 싸움판에서 가열차게 뒹굴고 있다. 저자 김영한은 칭의론을 둘러싼 이런 다양한 입장들을 시대별로 잘 정리하여 각 주장의 핵심들을 잘 요약해서 소개하고 있다. 이 책은 칭의론 논쟁의 핵심 인물들의 주장과 그 주장들의 시대별 흐름을 파악하는 데 많은 도움을 줄 것이다.

_김경열, 총신대학교 신학대학원, 캐나다 노스웨스트 신대원 초빙교수

프롤로그

"우리는 과연 바울을 올바로 이해해왔는가?"
이 질문은 단순한 신학적인 입장의 차이를 넘어, 복음의 핵심에 대한 본질적인 신앙적 성찰을 요구하는 것이다.

"바울이 말한 '칭의'(δικαίωσις)란 무엇인가? '율법의 행위'(ἔργα νόμου)는 유대 민족 정체성의 표지인가? 아니면, 인간의 자력 구원 시도의 상징인가? '하나님의 의'(δικαιοσύνη θεοῦ)는 인간에게 전가되는 의인가? 혹은 언약에 대한 하나님의 신실함인가?"

단순한 질문들처럼 보이지만, 결코 쉽지 않은 질문들이

다. 이러한 질문들에서 출발한 것이 바로 '바울에 관한 새관점'(New Perspective on Paul) 논쟁이다. 이는 마틴 루터(Martin Luther) 이후 개신교 전통이 형성해온 소위 '옛관점'(Old Perspective)에 대한 신중한 재검토로부터 시작되었다.

20세기 후반부터 본격적으로 전개되기 시작한 이 논의는 조직신학, 성서학, 교회론, 그리고 선교론에 이르기까지 다양한 분야에 지대한 영향을 끼쳐 왔다. 이 쟁점에 대한 논쟁은 지금도 활발히 논의되고 있다. 이 책은 이러한 논쟁을 요약하려는 시도이다. 물론 그 양이 방대하고, 여러 관점이 맞물려 있어 쉽게 이해되지 않을 수 있다. 하지만 '새관점'(New Perspective)을 모르고서 성경과 신학과 신앙을 논하기란 어렵다. 그렇기에 필자는 새관점이라는 용어가 처음 등장하던 시점부터 시작하여, 그것이 점차 내적 분화를 이루면서 형성되어온 다양한 학문적 흐름을 통시적으로, 그리고 관점별로 조망하고자 한다.

우선 새관점의 태동이 가능하도록 신호탄을 쏘아 올린 초기 학자들을 소개할 것이다. 알버트 슈바이처(Albert Schweitzer), 윌리엄 브레데(William Wrede), 크리스터 스텐달(Krister Stendahl) 등이다. 이들은 새관점이라는 이름이 생기기 전부터 바울에 대한 기존의 해석에 문제의식을 던졌다. 이들의 신학적 제안은 훗날 새관점의 토대를 형성하는 데 결정적인 주춧돌 역할을 했다. 이러한 주춧돌 위에서 새관점이 본격적으로 어떻게 등장하고 발전했는지를 기술할 것이다. 무엇보다 1세대의 새관점, 이른바 제1새관점의 주창자인 E. P. 샌더스(Edward P. Sanders), 제임스 던(James D. G. Dunn), 톰 라이트(Nicholas Thomas Wright) 등의 견해를 다룰 것이다. 이들은 유대교를 '행위주의적 율법주의'로 파악한 루터적 해석에 이의를 제기했다. 1세기 유대교를 '언약적 율법주의'(Covenantal Nomism)로 재정의하고, 바울의 '율법 비판'을 새롭게 구성하였다.

이후 옛관점과 새관점의 입장을 중도적으로 조율한 제2세대의 새관점, 이른바 '중도적 새관점'인 제2새관점 학자들이 등장한다. 대표적인 신학자들은 스티븐 웨스터홈(Stephen Westerholm), 마이클 버드(Michael F. Bird), 사이먼 개더콜(Simon J. Gathercole) 등이다. 이들은 제1새관점의 통찰을 일정 부분 수용하면서도, 인간의 죄성(罪性), 자기의(自己義)의 문제, 그리고 전통적 칭의 교리의 중요성을 회복하려는 노선을 취하였다. 이 논의는 이후 '제3새관점', 즉 '급진적 새관점'(포스트 새관점)으로 진화한다.

J. 루이스 마틴(J. Louis Martyn), 더글라스 A. 캠벨(Douglas A. Campbell), 존 M. G. 바클레이(John M. G. Barclay) 등은 전통적 관점과 새관점 양측 모두에 비판적인 문제의식을 내비쳤다. 이들은 바울신학의 우주적·묵시적 구조, 인간 구속의 해방적 메시지, 하나님의 일방적 은혜를 강조하고 있다.

나는 이 책에서 단순히 다양한 입장들을 나열하는 데 그치지 않고, 각 관점(제1새관점, 제2새관점, 제3새관점)이 바울신학을 통해 어떤 교정적 통찰을 시도하였는지를 살펴볼 것이다. 특히 새관점 논쟁이 어떻게 제1세대, 제2세대, 제3세대로 진화하며 보완되어왔는지를 추적함으로써, 바울 해석의 다층적 맥락을 드러내고자 한다. 또한 새관점 학자들의 주장뿐 아니라, 그 주장에 대한 우려의 목소리도 고찰할 것이다. 개혁주의 입장에서 옛관점을 고수하는 신학자들을 통해, 새관점이 어떤 선을 넘고 있는지, 어떤 점을 보완해야 하는지를 함께 논의할 것이다.

성경 계시는 본질적으로 종결된 계시이다. 이는 하나님의 구속사적 자기 계시가 예수 그리스도 안에서 완성되었음을 의미한다. 그러나 그 해석은 여전히 열려 있으며, 매 시대의 역사와 현실 속에서 새롭게 숙고되고 재조명되어야 할 과제로 남아 있다.

신학은 한 번 정립된 교의를 반복하는 것이 아니다. 본문과 현실 사이의 지속적인 해석적 긴장을 살아가는 신학적 실천이며, 해석학적 투쟁이다. 이런 점에서 신학은 폐쇄된 체계가 아니라 열린 탐구의 장이다. 가류주의의 관점처럼, 모든 신학적 명제는 시대적 정황 속에서 잠정적 가설로 서 있어야 하며, 비판과 반성 속에서 그 타당성을 검증받아야 한다.

칼 포퍼의 비판적 합리주의는 성경 해석 역시 고정된 반복이 아니라 오류 가능성과 반증 가능성 속에서 재검토되고 발전해야 하는 열린 체계로 인식하게 만든다. 이러한 해석학은 폴 리쾨르의 통찰에 의해 더욱 깊어질 수 있다. 리쾨르는 단순한 표면적 이해를 넘어 본문 속에 잠재된 심층 구조와 그것이 놓여 있던 역사적·사회적 맥락까지 포함해 해석해야 한다고 말한다.

해석은 곧 '기억과 역사, 언어와 권력'에 대한 성찰이며, 본문에 내재된 의미망(意味網)을 비판적으로 풀어가는 과정이다. 성경 해석은 단지 문자적 반복이 아니라 본문이 열어

주는 세계를 성찰적으로 탐색하는 '깊이 읽기'이며, 이 시대를 향한 하나님의 뜻을 재발견하는 신학적 저항이다. 이러한 맥락에서, 새관점 논쟁은 단순한 학문적 관점의 충돌이 아니다. 본문을 더 정직하게, 더 역사적으로, 더 구조적으로 읽으려는 시대적 요청이 낳은 신학적 사건이다. 이는 신학이 언제나 종결된 계시 위에 서 있으나, 동시에 그 의미를 계속해서 갱신해나가야 하는 해석학적 여정임을 일깨워준다.

성경은 침묵하지 않는다. 여전히 우리에게 말씀하신다. 그러면 우리는 어떻게 해야 할까? 해석은 언제나 하나님 말씀 앞에 겸손히 다시 서는 인간 존재의 응답이어야 한다. 실제로 이러한 제1새관점, 제2새관점, 제3새관점의 논의를 통해, 옛관점 역시 바울신학에서 수정·보완된 부분이 있다. 그렇기에 새관점의 질문과 해석은 결코 무의미하지 않다. 고로, 이러한 다양한 관점들을 알고 나서 바울을 다시 읽는다는 것은 곧 성경의 메시지를 더욱 심도 있게 듣고자 하는 시도이다. 이 과정은 단지 지적 호기심을 넘어, 우리가 성경을 어떻게 이해하고 바르게 신앙생활을 이어갈 것인가에 대한 깊은 성찰로 이어질 수 있다.

'세상에서 가장 무서운 사람은 단 한 권의 책만 읽은 사람'

이라는 말이 있다. 옛관점이든 새관점이든, 그저 한두 권만 읽고 어느 한 입장을 섣불리 주장하기보다, 보다 넓고 균형 있게 자료를 접한 뒤 자신의 주장을 펼치면 좋겠다. 이 책의 부록에 새관점과 관련된 주요 도서 50여 권을 요약해서 소개해두었다. 논쟁을 하더라도 자신과 다른 입장을 가진 이들의 논지를 먼저 성실하게 이해하고 대화하는 태도가 우리 시대 신학 담론에서 꼭 필요하다고 생각한다.

이 책은 매학기 화요일마다 목회자와 성경을 사랑하는 성도들과 함께한 '화성신철(화요일 성경, 신학, 철학) 세미나'의 강의와 원고를 정리해 엮은 것이다. 독자들이 옛관점과 새관점, 그리고 더 진보하고 진화해가는 바울 해석의 흐름을 살펴보는 데 이 책이 조금이나마 도움이 되기를 간절히 바란다.

늘 부족한 남편 곁에서 묵묵히 함께해 준 아내에게 이 책을 바친다. 사랑하는 쌍둥이 딸 하음과 주예에게도 아빠가 이 책을 쓰는 동안 학교생활과 신앙생활을 성실히 감당해준 것에 대한 고마운 마음을 전한다. 나는 하음과 주예의 어릴 때 사진을 보면 마음이 뭉클하다. 그러면서 느끼는 감정은 '저 때 더 열심히 놀아주어야 했는데…'라는 생각이다. 지금은 청소년기를 보내는 하음과 주예에게 여전히 많은 시간을 함께 있어 주지 못해 미안하다. 그러나 이 자리를 빌려 마음을 전한다.

또한 처음엔 신학을 반대하셨지만, 신학교에 진학한 뒤 누구보다 크게 응원해주신 부모님께도 감사를 드린다. 지금은 치매로 고생하시는 아버지, 그리고 그 아버지를 돌보며 헌신하고 계시는 어머니께 감사의 마음을 전한다.

항상 곁에서 기도로 동행해주는 품는교회 가족들, 보이는 곳에서든 보이지 않는 곳에서든 함께해 주는 기도자들과 동역자들, 그리고 이 책을 읽고 있는 모든 독자 여러분께도 진심으로 감사를 드린다. 부족한 원고를 귀히 여겨 '논쟁요약 시리즈'로 출간할 수 있도록 애써주신 아르카의 이한민 대표께도 깊은 감사의 마음을 전한다.

2025년 7월 17일 7시 17분
신촌 품는교회에서
김영한

【 일러두기 】

- 이 책에서는 '새 관점'이라고 띄어 쓰지 않으며, '새관점'이라고 붙여 쓴다. 신학 용어로서 붙여쓰기가 정착되었기 때문이다. '옛 관점' 또한 이 책에서는 '새관점'과 대비하기 위해 '옛관점'으로 붙여 쓴다.

- '바울신학'과 '바울사상' 또한 붙여 쓴다.

- 인용한 도서들 중 일부는 아직 한글로 번역 출판되지 않은 원서를 참고한 것이다. 그럼에도 한글로 제목을 표기한 경우는 저자가 임의로 제목을 번역한 것이다.

- '제1새관점', '제2새관점', '제3새관점'은 새관점의 흐름을 좀 더 쉽게 이해하기 위해 필자가 구분한 것이다.

차례

- 추천사 **004**
- 프롤로그 **018**

|1부| 새관점의 기원과 역사적 흐름
- 01 옛관점을 넘은 새관점, 그 기원과 역사 **030**
- 02 중도적 새관점: 제2새관점 **045**
- 03 급진적 새관점: 제3새관점 **056**
- 04 새관점 논쟁의 역사적 전개와 영향 **080**

|2부| 새관점의 대표 학자들과 새관점을 반대한 학자들
- 05 다섯 명의 주장과 신학 **098**
- 06 여섯 명의 반대와 신학 **116**

|3부| 바울이 정말 전하려 한 것은 무엇인가?
- 07 바울에 관한 다섯 가지 관점 **138**
- 08 칭의 논쟁의 다섯 가지 주장 **144**
- 09 개혁주의적 칭의와 성화의 해석 **148**
- 10 새관점을 다시 조망한다 **157**

- 에필로그 **172**
- |부록| 새관점과 관련하여 읽어야 할 책 50권 요약 **175**

1부

새관점의 기원과
역사적 흐름

**New Perspectives
Debate on Paul**

01
옛 관점을 넘은 새관점, 그 기원과 역사

가이 프렌티스 워터스(Guy Prentiss Waters)는 『바울에 관한 새관점』(Justification and the New Perspectives on Paul)에서 새관점의 기원과 토대를 역사적으로 추적하며, 그것이 등장한 맥락과 동기를 설득력 있게 설명한다. 아울러 그 장단점까지 균형 있게 제시한다. 그의 책은 마치 무술 고수가 되는 비법서를 발견한 것 같은 감탄을 자아내게 한다. 성경 해석의 역사적 전개를 따라가며, 새관점이 등장하게 된 배경을 탄탄하게 조명하는 학술서로 평가받을 만하다. 이 책이 소개하는 10명의 새관점 관련 학자들은 다음과 같다.

① F. C. 바우어 Friedrich Christian Baur, 1792-1860

마르틴 루터가 1517년 10월 31일 독일 비텐베르크 성문에 95개 조 반박문을 게시하며 종교개혁을 시작했다. 루터는 '칭의'를 법정적 선언(Juridical Declaration)으로 이해하였으며, 칼빈 역시 이를 계승하였다. 그러나 루터 이후 약 50년 뒤인 1564년, 칼빈도 세상을 떠난다. 그로부터 약 250년 뒤인 19세기 중반에 등장한 F. C. 바우어는 회의주의적 신학 분위기 속에서 바울신학에 대한 새로운 인식을 드러냈다. 그는 초대 기독교를 '갈등의 역사'로 보았고, 그때에는 유대 기독교와 이방 기독교 간의 구조적 긴장이 존재했다고 주장하였다. 유대 기독교는 율법과 모세의 전통에 가까웠고, 이방 기독교는 '이신칭의' 중심의 자유로운 구원을 강조했다고 보았다.

바우어는 또한 2세기 초반에 등장한 '가톨릭주의'가 당시 교회의 위계 질서와 교리의 통일성을 강조하면서, 오히려 1세기 복음의 다양성과 긴장을 은폐했다고 비판하였다. 그는 초대 기독교를 역사적 범주 안에서 이해하고자 했으며, 이

점에서 바울 연구에 역사비평적 관점을 도입한 선구자로 평가된다. 이러한 바우어의 영향은 19세기에서 20세기에 자유주의 신학자들과 종교사학파에게 이어졌다. 그러나 자유주의자들은 바울신학을 보다 도덕적이고 개인윤리 중심으로 해석하였고, 바울의 구원론을 '그리스도 안의 신비적 체험'으로 이해하였다. 그 결과, 바울의 구속사적 메시지에서는 점점 멀어지게 되었다. 종교사학파는 더 나아가, 기독교가 헬라 신비주의의 영향을 받은 종교라고 주장했다. 그들은 '주'(Κύριος)라는 호칭조차 헬라의 종교적 표현에서 유래했다고 보았다. 바우어는 특히 '칭의'가 바울신학의 중심 주제가 아니라고 보았으며, 종교사학파는 유대 구원론과 헬라 구원론이 기독교 안에서 혼합되었다고 평가하였다.

② 알버트 슈바이처 Albert Schweitzer, 1875-1965

F. C. 바우어가 초대 기독교의 갈등 구조를 중심으로 바울신학을 분석했다면, 알버트 슈바이처는 종교사학파와 바우어 양측을 모두 비판하며 새로운 지평을 열었다. 종교사학파는 바울사상이 헬레니즘의 신비 종교나 그노시스 전통의 영향을 받았다고 주장하였다. 그러나 슈바이처는 이러한 시각

을 명확히 반박하고, 바울신학의 중심을 유대 묵시문학적 전통 안에서 이해해야 한다고 역설하였다.

슈바이처는 바울의 핵심 개념, 즉 의롭다 하심, 하나됨, 구속, 종말론적 긴장 등이 헬라적 신비주의에서 나온 것이 아니라, 유대적 종말론과 메시아 왕국 도래에 대한 소망에서 비롯되었다고 보았다. 그의 바울 해석은 개인 내면의 신비적 체험이 아닌, 그리스도 안에서 일어난 역사적 전환과 우주적 새 창조에 초점을 맞춘 것이었다.

슈바이처가 말한 바울의 '신비주의'는 헬라적 탈현실이 아니라 '그리스도와의 참여적 연합'(Mystical Participation)이라는 유대 묵시 사상에 뿌리를 둔 신비주의였다. 이러한 슈바이처의 시각은 훗날 E. P. 샌더스, 제임스 던, 톰 라이트 등의 새관점 학자들에게 결정적으로 영향을 끼쳤다. 슈바이처는 바울을 유대교와 단절된 존재로 보던 기존 해석의 틀을 깨고, 1세기 유대교 안에서 바울을 해석해야 한다는 새로운 문제의식을 제시한 최초의 인물이었다. 따라서 "바울은 유대교와의 연속선상에서 이해되어야 한다"라는 새관점 학파의 핵심 주장은 슈바이처가 종교사학파와 차별점을 두며 강하게 주장했던 신학적 토대 위에 서 있는 것이다. 슈바이처는 '새관점'이라는 이름이 등장하기 전부터 이미 그 정신을 가지고서 살아간 '신학적 전사'로 평가받는다.

③ **루돌프 불트만** Rudolf Bultmann, 1884-1976

루돌프 불트만은 『신약 신학』(Theology of the New Testament)을 집필한 20세기 신학계의 대표적인 인물이었다. 그는 신약의 사상적 배경이 단순히 유대교에만 국한되지 않고, 보다 광범위한 고대의 종교적 환경에서 형성되었다고 보았다. 따라서 신약의 사상은 유대 사상과 헬레니즘 사상이 혼합된 것이라고 주장하였다. 예를 들어, 요한복음의 기독론에 나타난 '천상적 구속자' 개념은 유대 묵시문학이 아니라 '만다교'의 지혜 신화와 같은 유대교 외부 전통에서 기원한 것이라고 해석하였다.

불트만은 유대교를 율법 중심의 공로주의 종교로 보았으며, 바울 역시 이러한 유대교적 공로주의에 대항하여 '은혜에 의한 구원'을 강조했다고 이해하였다. 이에 따라 '율법의 행위'는 구원과 무관한 인간의 자력 시도로 간주되었고, 바울은 이를 철저히 배격한 것으로 해석되었다.

특히 불트만은 마르틴 하이데거의 실존주의 철학에 깊은

영향을 받아, 바울의 칭의 개념을 개인의 존재적 결단과 신적 선포에 대한 실존적 수용으로 이해하였다. 그는 칭의를 공동체적·구속사적 범주로 보기보다 개인적이고 실존적인 사건으로 보았으며, 구원이 인간의 내면적 응답과 실존적 결단 속에서 이루어지는 것이라고 강조하였다.

이러한 불트만의 신학은 이후 윌리엄 데이비드 데이비스와 불트만의 수제자인 에른스트 케제만, 그리고 크리스터 스텐달 같은 후속 신학자들에게 영향을 주거나 혹은 비판의 대상이 되면서, 새관점 형성의 역사적 배경이 되었다.

④ **윌리엄 D. 데이비스** William David Davies, 1911-2001

불트만 이후, 윌리엄 데이비드 데이비스는 『바울과 랍비 유대교』를 1948년에 출간하고, 기독교인들 가운데서는 유대교를, 유대인들 가운데서는 바울의 기독교를 깊이 이해하도록 이끌었다.

데이비스는 비교 방법론을 통해, 율법이 그리 부정적인 것은 아니라고 보았다. 불트만은 율법을 부정적으로 보았지만, 데이비스는 율법이 유대교에 부과되어 긍정적 역할을 했다고 보았다. 그는 바울사상의 기원을 이방의 자료가 아니라 유대 자료에서 찾을 수 있다고 보았다. 이러한 생각은 E. P. 샌더스에게 영향을 주었다. 또한 데이비스를 통해 바울이 비평적으로 읽히게 되었다. 데이비스가 바울 서신서를 향한 비평적 읽기를 가능하게 만든 것이다.

⑤ 에른스트 케제만 Ernst Käsemann, 1906-1998

에른스트 케제만은 불트만의 수제자였다. 그러나 케제만은 불트만이 실존주의 철학에 영향을 받아 개인적 칭의를 주장한 것에는 동의하지 않았다. 케제만은 집단적 칭의를 말했다. 그는 '하나님의 의'를 '언약적 신실성'으로 이해했다. 이런 케제만의 '개인을 넘은 집단적 칭의'는 훗날 크리스터 스텐달의 주장으로도 이어지게 된다.

⑥ 크리스터 스텐달 Krister Stendahl, 1921-2008

루터교 소속인 크리스터 스텐달은 1954년부터 1984년까지 하버드신학대학원에서 신약학 교수로 재직하였다. 그는 루터와 어거스틴의 회심 경험으로 인해 서구인의 바울 읽기에 색채가 덧입혀졌다고 주장하였다. 즉, 서방 신학의 시선으로 바울을 보려 했던 기존 관점을 비판하며, 유대인과 이방인 사이에 서 있는 바울을 역사적으로 정확히 이해해야 한다고 본 것이다.

스텐달은 로마서의 핵심이 8장이 아니라 9-11장에 있다고 보았다. 그는 칭의를 전통적으로 보는 관점이 아니라, 제2성전기 유대교의 배경과 사상에 비추어 교회론적으로 보아야 한다고 했다. 무엇보다 스텐달은 바울신학을 서구적 '양심의 불안'으로 해석하는 전통적 관점에 도전하였다. 그는 바울의 의화(義化) 교리가 유대인과 이방인의 공동체적 정체성을 재정립하려는 시도임을 강조하며, 그것을 '구원의 문제'가 아닌 '공동체의 문제'로 해석하였다. 이러한 사상은 E. P. 샌더스에게 이어져 '언약적 율법주의' 개념의 배경이 되었다.

⑦ E. P. 샌더스 (E. P. Sanders, 1937-2022)

E. P. 샌더스는 '새관점의 아버지'로 불리며, 제2성전기 유대교를 '언약적 율법주의'(Covenantal Nomism)로 정의하였다. 그는 유대교가 단순히 '행위 구원'을 강조한 것이 아니라 하나님의 은혜와 언약적 관계 안에서 율법을 지키려는 신앙 체계였음을 밝혔다. 즉, 그는 유대교가 은혜의 종교이며, 은

혜로 언약 안에 들어가고, 율법 준수를 통해 그 안에 머무는 것이라고 본 것이다.

⑧ 헤이키 레이제넌 Heikki Räisänen, 1941-2015

헤이키 레이제넌은 샌더스의 언약적 율법주의 개념을 수용하면서도, 바울의 율법 이해에 대한 비판적 관점을 발전시켰다(Paul and the Law, 1983). 그는 바울의 율법 논의, 특히 갈라디아서와 로마서에서 일관성의 부족을 지적했다. 레이제넌에 따르면, 바울은 율법의 역할(율법이 구속적 도구인지 폐지된 것인지), 성취 가능성, 기원 등에 대해 모순된 태도를 보였다. 예를 들어, 바울은 율법을 때로는 하나님의 선물로, 때로는 구속의 장애물로 묘사하며, 명확한 정의를 내리지 않았다는 것이다.

레이제넌은 바울이 유대교의 율법을 오해하거나 단순화하여 그리스도 사건과 대립시켰다고 비판했다. 그의 핵심 주장은 바울이 율법을 단순히 행위나 공로로 본 것이 아니라, 그리스도의 구속적 사건이 율법의 구속적 가치를 대체한다고 여겼다는 점이다. 이는 샌더스의 주장(바울이 율법을 하찮게 여긴 이유는 그리스도가 참이기에 율법이 구속적 가치에서 밀려났기 때문이다)과 부분적으로 공명한다. 하지만 레이제넌은 샌더스보다 더 회의적인 입장을 취하며, 바울의 율법 이해가 신학적으로 비일관적이라고 강조했다.

⑨ 제임스 던 James D. G. Dunn, 1939-2020

'바울에 대한 새관점'(New Perspective on Paul)이라는 용어를 처음 사용한 인물이 제임스 던이다. 그는 바울의 율법 비판이 유대교 자체를 부정한 것이 아니라, 유대인 내부의 특권 의식에 대한 비판이라고 보았다. 바울의 의화론(義化論)은 단순한 구원론이 아니라, 유대인과 이방인의 관계 문제를 다루는 핵심 개념이라고 강조하였다.

던은 바울 서신에 등장하는 '노모스'(νόμος, 율법)가 단지 구약의 교훈이나 규정만을 가리키는 것이 아니라, 창세기·출애굽기·신명기 등을 포함한 모세오경 전체, 즉 언약의 체결과 유지를 포함한 신앙 체계를 의미한다고 설명하였다.

던은 언약과 율법이 하나님의 선물로 주어졌음에도 불구하고 유대인들 안에서 그것이 점차 '민족적 특권'으로 오용되었으며, 바울이 바로 이러한 '자기의에 대한 의존'과 '배타적 민족주의'에 대해 비판하였다고 보았다.

⑩ 톰 라이트 Nicholas Thomas Wright, 1948

제임스 던 이후, 톰 라이트는 새관점의 논의를 보다 발전시켰다. 그는 초대 기독교의 세계관이 1세기 유대교의 신학적·역사적 토대에서 기원했다고 보았다. 이러한 그의 인식에 따르면, 유대교와 초대교회는 이스라엘의 역사, 특히 포로기와 그 이후의 '하나님의 약속 미완성'에 대한 해석을 공유하면서도, 서로 다른 해결책을 제시한 것이다.

라이트는 초대 기독교인들이 자신들을 '새로운 집단이지만 낯선 집단은 아닌', 곧 하나님의 참된 백성으로 이해하였다고 설명하였다. 그리스도의 죽으심과 부활을 통해 이방의 신들을 물리치고, 새로운 언약 백성을 창조하며, 악으로부터 세계를 구속하신다는 것이 바울의 핵심 신학이었다고 주장하였다. 그러나 이 모든 것은 아직 '완성된 구원'이 아니며, 바울은 여전히 종말론적 전망 속에서 구원을 이해했다고 보았다.

라이트는 바울의 '의' 개념을 하나님의 언약적 신실성(Covenantal Faithfulness)으로 해석하였다. 바울에게서 의롭다 하심은 단순한 법적 선언을 넘어 언약 백성으로서의 정체성 확증이자 종말론적 인정이라는 것이다.

라이트는 바울의 칭의가 미래 지향적이며, 최종적인 의롭다 하심은 그 사람의 행위가 언약 백성으로서 합당한지를 통해 입증된다고 주장하였다. 이는 전통적 개신교의 '지금 여기에서의 칭의'에 비해 종말론적 요소가 강한 해석이다.

라이트는 바울신학을 단지 개인의 구원 문제가 아니라, 하나님의 언약 성취와 우주적 종말론 속에 놓인 역사적·공동체적 메시지로 해석하였다. 라이트는 이처럼 바울신학을 '하나님의 언약 성취'라는 큰 구속사 안에 재배치함으로써, 의화론을 법정적 선언에 한정하지 않고 언약 관계의 회복과 공동체 정체성 확립으로 확장하였다.

제1새관점의 흐름과 핵심 요약 정리

바울신학에 대한 해석은 시대마다 다양한 변화를 겪어 왔다. 전통적으로 루터와 칼빈 이후의 개신교 신학은 바울을 '오직 믿음으로 의롭다 함을 받는' 신학의 대변자로 이해했다. 이는 바울이 율법을 배격하고 개인의 구원 문제를 중심으로 복음을 전한 인물이라고 보는 관점, 이른바 '옛관점'(Old Perspective)으로 자리 잡았다.

그러나 19세기 중반, 독일 튀빙겐 학파의 F. C. 바우어는 초대교회의 갈등 구조에 주목하며 바울신학의 새 지평을 열었다. 바우어는 유대 기독교와 이방 기독교 간의 충돌을 강조했고, 바울을 헬라적 자유와 대조되는 인물로 조명했다.

이후 알버트 슈바이처는 바우어와 종교사학파를 비판하며, 바울사상의 뿌리를 유대 묵시문학에서 찾았다. 슈바이처는 바울의 '신비주의'를 개인적 체험이 아닌 그리스도와의 참여적 연합으로 해석했다.

20세기 초, 루돌프 불트만은 실존주의 철학을 바탕으로 바울을 내면적 결단의 사도로 재구성했고, 그 제자인 에른스트 케제만은 '하나님의 의'를 '언약적 신실성'으로 재해석하며 공동체적 관점을 강조했다. 윌리엄 데이비스와 크리스터 스텐달은 유대교에 대한 새로운 인식을 제시하며, 바울을 '양심의 불안'이 아닌 공동체적 정체성 문제를 다룬 인물로 보았다.

이러한 흐름은 1977년, E. P. 샌더스의 『바울과 팔레스타인 유대교』 출간으로 결정적 전환점을 맞는다. 샌더스는 제2성전기 유대교를 '언약적 율법주의'로 재정의하며, 유대교를 은혜의 종교로 복원하려 했다. 이 관점은 바울이 유대교를 반대한 것이 아니라, 이방인까지 포괄하는 언약 공동체를 새롭게 제시한 것이라는 해석을 가능케 했다.

샌더스 이후 제임스 던은 바울의 '율법 비판'이 유대인의 민족적 배타성에 대한 비판임을 강조하며, '새관점'(New Perspective)이라는 용어를 처음 사용했다. 던은 '율법의 행위'를 민족 정체성의 표지로 보고, 바울의 칭의를 공동체 포용과 연결지었다.

이 흐름을 계승한 톰 라이트는 바울신학을 더욱 언약적이고 종말론적인 맥락으로 확장시켰다. 톰 라이트는 바울이 말한 '의'가 단순한 법적적 선언이 아니라 하나님의 언약적 신실성이라고 보았다. 게다가 구원은 현재적 사건이면서도, 궁극적으로 미래에 완성되는 여정임을 강조했다.

한편, 헤이키 레이제넌은 바울의 율법 해석이 일관되지 않다고 비판하며, 새관점 내부에도 비평적 논의가 필요하다고 제기했다. 레이제넌은 바울이 율법을 구속적 질서와 상충된 제도로 인식했다고 보았으며, 바울이 율법을 단순화하고 오해했을 가능성을 주장했다.

이처럼 새관점 논쟁은 단일한 흐름이 아니다. 시대와 학자에 따라 지속적으로 발전되고 수정되어왔다. 샌더스에서 던과 라이트로, 다시 다양한 후속 학자들로 이어지는 이 논의는 바울을 더 풍성하고 입체적으로 이해하려는 시도이며, 개신교 전통의 자기반성과 갱신을 가능케 하는 해석학적 전환점이 되고 있다.

고로, 바울에 대한 새관점 논의는 단순히 신학 이론의 충돌이 아니다. 성경 본문을 더 정직하고 더 역사적으로 읽으려는 노력의 산물이다. 율법, 은혜, 구원, 공동체, 언약, 종말이라는 신학의 핵심 주제들이 바울 안에서 어떻게 얽혀 있는지를 재조명하며, 바울에 대한 해석이 여전히 열려 있는 신학적 여정임을 보여주고 있다. 새관점이 의문시한 질문과 연구가 바울신학에 상당한 기여를 한 것도 사실이다.

02
중도적 새관점: 제2새관점

새관점 학파가 바울 연구에 가져온 혁신은 이후 세대의 학자들에게 또 다른 질문들을 불러일으켰다. 2010년대에 접어들면서는 '새관점을 넘어서'(Beyond the New Perspective) 새관점의 주장을 수용하되, 옛관점의 내용을 전부 무시하지는 않으려는 신학자들이 있었다. 그 대표적인 신학자들을 살펴보자.

① 스티븐 웨스터홈 Stephen Westerholm, 1949

스티븐 웨스터홈은 바울신학의 전통적 '루터파적' 이해를 옹호하면서, 이른바 '새관점' 학자들의 주장을 면밀히 검토한다.

스티븐 웨스터홈은 저서 『옛관점과 새관점 – 루터파적 바울과 그 비평가들』(Perspectives Old and New on Paul: The "Lutheran" Paul and His Critics, Eerdmans, 2003)에서 어거스틴과 루터로부터 내려오는 바울 해석의 핵심을 정리한다. 그에 따르면, 인간은 죄로 타락하여 스스로 하나님을 기쁘시게 할 수 없고, 오직 하나님의 은혜와 믿음으로 의롭다 하심(칭의)을 받으며, 율법은 인간의 죄를 깨닫게 하는 역할을 한다. 오직 은혜로 받는 구원 앞에서 인간은 자랑할 것이 없다는 점 등이 바울신학의 본질적 특징이다.

웨스터홈은 이런 전통적 견해가 E. P. 샌더스의 연구 이후 등장한 새관점에 의해 도전받고 있다고 보는데, 새관점의 주요 주장, 즉 "바울의 칭의 교리는 유대인의 율법적 공로주의 비판이 아니라 이방인도 하나님의 백성이 될 수 있음을 선언하는 것"에 대하여 학문적으로 비판을 제기한다.

웨스터홈은 샌더스 이후의 새관점 학자들이 1세기 유대

교를 과거보다 긍정적으로 재해석한 점은 일정 부분 수용한다. 그는 "샌더스에게 1세기 유대교에 대한 동정적인 묘사를 가능케 한 일차적 공로가 있다"라고 인정한다. 유대교도들이 "은혜로 언약에 들어오고, 순종으로 유지된다"라는 샌더스의 '언약적 율법주의'(Covenantal Nomism) 개념이 당시 유대교 신앙을 어느 정도는 정확히 반영한다고 본다. 즉, 유대교도들도 하나님의 은총과 선택을 구원의 기초로 여겼으며, 율법 준수를 그 은혜에 대한 감사의 응답으로 이해했다는 점에는 동의하는 것이다. 그러나 웨스터홈은 샌더스가 유대교의 은총 이해를 지나치게 바울신학과 동일시했다고 비판한다.

웨스터홈은 새관점이 유대교의 은혜 개념을 제대로 부각시킨 점은 인정하지만, 바울이 진정으로 싸운 대상은 여전히 '행위에 대한 의존'이며, 새관점 학자들이 그것을 과도하게 '민족주의'(ethnocentrism) 문제로 환원했다고 본다. 웨스터홈은 새관점이 강조하는 유대인의 민족적 자부심 문제 역시 중요하지만, 이러한 해석이 현대인의 공동체 중심적 관심을 반영한 것일 수 있음을 지적하며, 바울신학의 핵심 동기는 여전히 인간의 죄와 하나님의 은혜라는 전통적 통찰에 있다고 역설한다.

② 마이클 버드 Michael F. Bird, 1974

버드는 웨스터홈이나 개더콜에 비해 새관점에 보다 우호적이면서도 균형 잡힌 입장을 취하는 학자다. 버드는 "새관점이 옳게 긍정하는 부분들은 받아들이되, 그들이 부정하는 부분들까지 따라갈 필요는 없다"라고 요약한다. 즉, 새관점이 바울 연구에 가져다준 유익은 높이 평가한다. 예컨대, 버드는 새관점 덕분에 바울 서신의 사회적 문맥, 특히 "이방인이 유대인이 되지 않고도 그리스도인이 될 수 있는가"라는 문제가 바울 당대에 중대한 쟁점이었음을 분명히 인식하게 되었다고 말한다.

실제로 버드는 바울의 '율법의 행위' 논쟁이 단순한 개인 구원 방법론의 논쟁이 아니라 이방인들의 교회 공동체 내 지위에 관한 논쟁이었다는 새관점의 통찰에 동의한다. 또한 버드는 N. T. 라이트 등의 연구를 통해 예수와 이스라엘 역사에 대한 거시적 서사를 바울신학 속에서 재발견하게 된 것에 깊은 인상을 받았다고 말한다.

버드는 "새관점 학자들의 주장이 좋든 싫든 간에 들어보면 일리가 있다"라며, 갈라디아서 3장 13-14절에서 예수가 십자가에서 저주를 받은 목적이 이방인들에게 아브라함의 복을 주려는 것으로 나타나는 점 등은 새관점이 제기한 역사적·구속사적 통찰의 유효성을 보여준다고 지적한다.

그렇다고 버드가 새관점을 전면 수용하는 것은 아니다. 버드는 자신이 결국 '전통적인 개혁 신학의 틀'로 돌아온다고 스스로 밝힐 만큼, 칭의와 구원론의 핵심에서는 종교개혁적 입장을 유지한다. 버드는 새관점 학자들이 부정하거나 약화시킨 전통 교리들, 예컨대 전가(imputation) 교리나 인간의 죄인으로서의 무능력에 대한 강조 등을 여전히 중요하게 견지한다.

버드는 존 파이퍼 등이 강조하는 그리스도의 의로움의 전가를 완전히 배제하지 않으면서도, N. T. 라이트가 강조하는 그리스도와의 연합으로도 유사한 효과를 설명할 수 있다는 점을 고려하여, '전가 교리는 그리스도와의 연합의 한 논리적 귀결'이라는 절충안을 제시한다.

특히 율법의 행위 문제에 있어서 버드는 N. T. 라이트가 주장하듯, 그것을 '경계 표지'로만 국한하는 해석에는 동의하지 않는다. 버드는 "율법의 행위로 의로운 지위를 얻으려

한다는 주장은 그것 자체로 율법주의적(legalistic)일 뿐 아니라 배타적(ethnocentric)인 것"이라고 강조한다. 버드는 라이트의 해석이 율법의 행위에 담긴 '율법주의적 요소'까지 간과한다고 본다. 이 점에서 라이트의 견해에 좌절감을 느낀다고까지 표현한다.

요컨대, 버드는 새관점이 일깨워준 사회적·역사적 맥락의 중요성에 감사하면서도, 동시에 전통적 칭의론의 진리(인간은 오직 은혜로 의롭다함을 받으며, 어떠한 공로도 자랑할 수 없다는 점)를 고수하려 한다. 버드는 이와 같은 통합적 입장을 펼친다. 즉, 칭의의 '수평적 차원'(유대인-이방인 사이의 평등)과 '수직적 차원'(죄인이 하나님 앞에서 의롭게 되는 문제)을 모두 포용해야 한다고 주장한다.

버드는 "칭의는 유대인의 배타주의도 교정하지만, 동시에 인간의 공로 추구라는 구원론적 공동 문제도 겨냥한다"라고 기술한다. 이는 궁극적으로 새관점과 전통적 관점의 통전적 종합을 모색하는 것이다.

③ 사이먼 개더콜 Simon J. Gathercole, 1974

개더콜은 새관점에 대해 가장 비판적인 입장을 취하는

학자 중 하나이다. 개더콜의 2002년 박사논문이자 저서 『자랑은 어디에 있는가? – 초기 유대교의 구원론과 로마서 1-5장에 대한 바울의 응답』(Where Is Boasting? Early Jewish Soteriology and Paul's Response in Romans 1 – 5, Eerdmans, 2002)은 제목부터 바울이 '자랑'의 문제를 어떻게 다루는지에 초점을 맞추고 있다. 이는 유대교의 '공로 자부심'에 대한 바울의 비판을 의미하는 것으로 읽힌다. 실제로 이 책에서 개더콜은 샌더스가 주장한 '언약적 율법주의'에 정면으로 도전한다.

개더콜은 방대한 제2성전기 유대 문헌을 직접 연구하여 "초기 유대교가 결코 율법적 행위 구원만을 가르친 것은 아니지만, 최종 심판에 있어서 율법 순종을 결정적 기준으로 여긴 문헌들이 다수 존재한다"라는 것을 설득력 있게 보여 준다. 다시 말해, 유대인들은 하나님의 은혜로 언약 안에 들어옴을 믿었지만, 궁극적 구원에 있어서는 율법 준수를 필수 조건으로 간주했고, 더욱이 그 율법 준수가 충분히 가능하다고 여기는 경향이 있었다는 것이다. 개더콜은 바로 이러한 유대교의 구원론적 전제가 바울이 "율법의 행위로는 의롭다 함을 얻을 육체가 없다"(롬 3:20 등)라는 교리를 전개하게 된 배경이라고 설명한다. 바울은 유대인들이 생각했던 것과 달리, 인간의 타락한 본성상 율법을 완전히 순종하는 것은 불가능하기 때문에, 율법 준수를 최종 구원의 기준으로 삼는 견해를 철저히 배격했다는 것이다.

바울의 칭의론은 1세기 유대교의 맥락 속에서 이해되면서도, 동시에 죄인인 인간의 실존적 문제(보편적 죄성과 무능력)를 정면으로 제기한다는 것이 개더콜의 논지이다. 이러한 연구를 통해, 개더콜은 샌더스 – 던 – 라이트로 대표되는 새 관점 학자들이 간과한 측면을 부각시킨다. 즉, "유대인들은 전적으로 행위로 구원을 얻는다고 주장하지는 않았지만, 행위도 구원에 일정 역할을 한다고 믿었으며, 바울은 바로 그 점을 반박했다"라고 정리한다.

개더콜 자신의 표현대로 하자면, 새관점은 유대교를 지나치게 미화하여 바울의 논쟁 대상이 없었다고 보는 경향이 있다. 그러나 개더콜의 연구는 그런 새관점의 관점을 상당 부분 논박한다. 실제로 2007년, 개더콜이 『Christianity Today』에 기고한 "바울은 과연 무슨 뜻으로 말했나?"라는 글 역시 일반 독자들에게 새관점을 비판적으로 검토하여 소개한 내용이었다. 이 글에서 개더콜은 자신이 새관점에 동의하지 않는 입장임을 분명히 했다. 이처럼 개더콜은 새관점에 대해 신학적·해석학적으로 거리를 두고 비판했으며, 바울신학의 핵심을 재규명하려고 시도했다. 개더콜의 작업은 동시대 학자들로부터도 새관점 논쟁에 중요한 이정표를 세웠다.

정리하자면, 제2관점, 즉 중도적 새관점의 세 학자들의 공통점은 바울을 1세기 유대교 맥락에서 이해해야 한다고 인식했다는 것이다. 하지만 바울신학이 그 맥락과 얼마나 단절되거나 연속성을 가지는지에 대해서는 입장이 구별된다고 말한다. 이러한 비교 분석은 현대의 바울 연구가 유대교에 대한 재평가와 바울 복음의 고유성 사이에서 균형을 찾는 여정임을 잘 보여준다. 웨스터홈, 버드, 개더콜은 그 여정 속에서 서로 대화하고 비판하면서 바울신학 이해를 심화시킨 주요 대변자들인 것이다.

제2새관점 흐름 핵심 요약 정리

20세기 후반의 '새관점'이 바울 해석의 판도를 바꾸며 전통적 종교개혁 관점에 도전한 이후, 일부 신학자들은 새관점의 통찰을 부분적으로 수용하면서도 핵심 교리를 지키려는 중재적 입장을 내놓기 시작했다. 이른바 '중도적 새관점' 혹은 제2관점으로 불리는 이 흐름은 바울을 1세기 유대교 맥락에서 재해석하면서도, 인간의 죄성과 하나님의 은혜라는 종교개혁 전통의 중심을 견고히 한다.

스티븐 웨스터홈은 루터적 해석을 옹호하면서, 샌더스의 유대교 묘사에는 일정 부분 동의한다. 그러나 그는 바울이 여전히 '행위의 의존'을 반박했다고 강조하며, 새관점이 이를 민족주의 비판으로만 축소한 점을 비판한다.

마이클 버드는 새관점의 사회사적 통찰에는 긍정적이나, '율법의 행위'를 단순한 '경계 표지'로만 해석하는 입장에는 동의하지 않는다. 그는 전통적 칭의 교리를 지키면서도, 그리스도와의 연합 개념을 통해 전가 교리와 새관점 사이의 절충점을 모색한다.

사이먼 개더콜은 새관점에 가장 비판적인 목소리를 낸다. 그는 제2성전기 유대 문헌들을 분석하여 유대교가 궁극적 구원에 있어서 율법 준수를 핵심 조건으로 보았음을 입증하며, 바울이 바로 이러한 전제를 반박했다고 주장한다.

결국 이들 중도적 학자들은 바울을 유대교의 역사적 맥락 안에서 이해하되, 바울신학의 중심이 민족 문제를 넘어 죄와 은혜, 칭의와 복음의 보편성에 있다고 본다. 이들의 시도는 바울 해석의 양극단 사이에서 균형과 심화를 추구하는 신학적 가교로 평가받는다.

03
급진적 새관점: 제3새관점

† 바울신학 연구에서 최근 부상하고 있는 제3새관점은 전통적인 개신교 해석(이신칭의 중심)이나 새관점(유대교와의 연속성, 이방인 포용 강조)과 구별되는 새로운 해석의 틀로서, 이른바 '묵시적 바울신학'이라고 불린다. 이 관점은 하나님께서 그리스도 안에서 "현재의 악한 시대(이 악한 시대)"(갈 1:4)를 뚫고서 급격하고 일방적으로 개입하여 새 창조를 시작하셨다는 묵시종말론적 통찰에 기반하며, 율법 준수나 인간의

노력보다 하나님의 급진적 은혜 사건에 초점을 둔다.

제3관점을 대표하는 학자로는 신약학자들인 ① J. 루이스 마틴(J. Louis Martyn), ② 더글러스 A. 캠벨(Douglas A. Campbell), ③ 존 M. G. 바클레이(John M. G. Barclay) 등이 있으며, 이들은 각기 독자적인 바울 해석을 전개하면서도, 모두 이전 관점들에 대해 비판적 대안을 제시한다.

① J. 루이스 마틴 J. Louis Martyn, 1925-2015

J. 루이스 마틴은 바울 서신, 특히 갈라디아서에 대한 묵시적 해석의 선구자로서, 바울신학에서 하나님의 주도적 개입과 새 창조를 강조한다. 마틴은 그의 대표작 『갈라디아서 주석(Anchor Bible, 1997)』에서, 갈라디아서가 인간의 종교적 노력으로 하나님께 나아가는 이야기가 아니라, "하나님이 그리스도 사건을 통해 우주적 규모로 침입하여 세상을 해방하는 복음의 이야기"라고 해석한다. 바울이 말하는 복음은 인간이 율법을 지켜 복됨에 이르는 운동이 아니라, 하나님 편에서 일어난 우주적 침공이며, 하나님께서 즉각적으로 말씀하시고 행하시는 은혜의 사건이라는 것이다. 그리스도의 십자가와 부활을 통해 새 창조의 시대가 이미 침투하여 시작

되었으며(갈 6:15), 이에 비추어 현시대는 악의 세력 아래 놓인 종말론적 구분선으로 파악된다.

마틴에게 바울신학의 핵심은 옛 세상에 속한 인간 종교와 율법주의 전통을 폐기하고 하나님의 새로운 창조 질서를 드러내는 묵시적 복음이다. 마틴은 이러한 묵시 사상을 설명하기 위해 유대 묵시문학의 두 흐름을 구분한다.

첫째는 우주론적 묵시다. 죄와 죽음, 악한 권세들이 세계를 지배하고 있으나, 하나님께서 그리스도 안에서 침입하여 악의 세력들을 격파하고 인간을 해방시키는 우주적 전쟁을 강조한다.

둘째는 법정적 묵시다. 인간의 죄에 대한 최후의 심판과 상벌이라는 도식에 따라, 율법 준수와 결단이 구원의 조건이 되는 흐름이다.

마틴은 갈라디아서의 상황에서 바울의 대적자들(유대주의적 교사들)이 후자의 법정적-연속적 구원론을 따르고 있다고 보고, 바울은 이에 맞서 전적으로 불연속적인 우주적 묵시 사상을 펼친 것이라고 주장한다. 즉, 갈라디아 교회에 들어온 거짓 교사들은 아브라함부터 율법을 거쳐 그리스도에 이르는 구속사적 연속성을 강조하며, 이방인도 유대 율법 아래 들어와야 의롭게 된다고 보았지만, 바울은 그리스도 안에서 완전히 새롭고 단절적인 하나님의 행위가 일어났음을 선포한다.

마틴은 갈라디아서 1장 4절의 "현재의 악한 시대에서 우리를 건지시려고"라는 표현을 강조하며, 바울 복음의 초점이 인간의 잘못(죄)에 대한 용서보다는 악한 권세 아래 종노릇하는 세상으로부터의 해방에 있음을 지적한다고 본다.

그리스도의 십자가는 개인의 죄책을 해결하는 제사가 아니라 옛 시대를 종결시키고 새 창조를 출범시키는 결정적 전쟁의 승리이며, 이로써 율법의 시대도 끝나고 은혜의 새 시대가 도래했다고 본다. 요약하면, 마틴의 바울신학은 바울 복음을 하나님의 묵시적 은혜의 복음으로 규정하며, 율법 준수나 인간적 전통과 철저히 대조되는 하나님의 일방적 구원 행위를 그 핵심으로 삼는다.

② 더글러스 A. 캠벨 Douglas A. Campbell

더글러스 A. 캠벨은 바울의 칭의론에 대한 급진적 재해석을 제안한 신학자로, 그의 대표 저작 『하나님의 구속』(The Deliverance of God: An Apocalyptic Rereading of Justification in

Paul, by Douglas A. Campbell and N. T. Wright, Eerdmans, 2013, 공저)에서 '묵시적 칭의'를 역설한다. 캠벨은 먼저 전통적 칭의 교리 해석을 통렬히 비판하는데, 그가 '칭의 이론'(Justification Theory)이라고 부르는 이 전통적 모형은 의로우신 하나님이 인간의 행위 부족을 진노로 심판하시며, 예수의 대속을 믿는 믿음을 조건으로 용서와 구원을 베푼다고 설명하는 체계이다.

캠벨에 따르면, 이러한 조건부 구원 모형은 하나님의 성품을 응보적 심판자로 그리며, 믿음조차 인간이 충족해야 할 조건으로 만들어 은혜를 제한한다고 본다. 특히 개혁주의 전통의 언약신학이나 대속 논리, 특히 형벌 대속론(Penal Substitutionary Atonement)이 하나님을 거래적 존재로 묘사한다고 비판한다. 이는 결국 하나님을 거래적 존재로 만들고, 복음을 왜곡한 것이라고 지적한다. 이와 대조적으로, 캠벨은 바울이 전하는 복음이 철저히 무조건적인 하나님의 구원 행위라고 주장한다.

캠벨이 말하는 묵시적 해석이란 인간의 어떠한 자격이나 의지적 결단도 조건이 되지 않는 하나님의 일방적 은혜를 의미하며, 이러한 무조건적 구원이야말로 바울 복음의 핵심이라는 것이다. 캠벨은 로마서 5-8장을 특히 중요시하며, 하나님께서 강압적 폭력 없이, 그리스도를 통해 죄인들을 변혁시켜 구원하신다는 긍휼의 하나님 모습을 강조한다. 하나님은 인간의 죄에 분노하여 처벌하기보다, 죄와 죽음의 세력 아래 갇힌 인간을 해방하고 새 생명으로 참여시키는 것을 목표로 하신다고 보는 것이다. 이러한 이유로, 캠벨은 믿음조차 구원의 조건으로 간주하는 것을 거부하며, 믿음은 구원의 수단이라기보다 그리스도의 신실함에 참여한 결과이자 표지로 해석한다.

캠벨은 바울이 말하는 '그리스도의 믿음'을 주관적 속격, 즉 '그리스도의 신실함'으로 이해해야 한다고 주장하며, 인간의 믿음은 철저히 그리스도의 신실함에 연합함으로써 나타나는 응답으로 본다. 이러한 해석 아래에서, 바울신학은 '하나님의 의'가 죄인을 조건부로 용서하는 법정적 선언이 아니라, 죄와 죽음의 권세에서 건져내는 구출과 새 생명 창출의 능력으로 재정의된다.

캠벨의 논의가 가장 극적으로 드러나는 부분은 로마서 1-3장에 대한 재해석이다. 그는 로마서 1장 18절에서 3장 20절까지의 내용이 바울 자신의 복음 선포라기보다, 왜곡된 율법-공로 체계를 대변하는 가상의 반대자의 목소리라고 본다. 특히 1장 18-32절은 이러한 반대자의 주장으로 이해되며, 바울은 2장 1절 이하에서 이를 논박함으로써 자신의 복음을 드러낸다고 해석한다.

캠벨은 이 획기적인 해석을 통해, 바울이 율법주의적 조건부 구원론을 복음의 적대 세력으로 설정한 것으로 본다. 그러면서, 참된 복음은 처음부터 끝까지 하나님이 그리스도 안에서 이루신 해방의 행위에 근거한 것임을 강조한다.

캠벨의 바울신학은 마틴과 마찬가지로 강한 불연속성과 하나님의 일방적 은혜를 강조한다. 특히 칭의 교리에 내포된 계약적 사유를 해체하고 '종말론적 해방'이라는 새로운 틀로 바울을 읽어냈다는 점에서 독보적이다. 다만 그의 견해는 하나님의 진노와 최후 심판 개념을 지나치게 약화시키고 믿음의 필수적 역할을 과소평가했다는 비판도 받는데, 이러한 논쟁은 제3관점 내에서도 신학적 쟁점을 형성하고 있다.

③ 존 M. G. 바클레이 John M. G. Barclay, 1958

존 M. G. 바클레이는 바울의 은혜 개념을 새롭게 조명함으로써 제3관점의 대화에 기여한 신약학자이다. 그의 저서 『바울과 선물』(새물결플러스, 2019)은 고대 세계의 증여(은혜) 개념을 폭넓게 연구한 후 바울이 말하는 하나님의 '선물'(은혜)의 독특성을 규명한 획기적 연구로 평가된다.

바클레이는 은혜(grace)라는 개념이 다층적이고 다면적인 속성을 지닌다고 보고, 역사상 신학자들이 각기 은혜의 다른 측면을 말한 여섯 가지를 정리한다.

1. **초충만성(superabundance)**: 하나님의 은혜는 풍성하고 넘친다. 그 크기와 강도에서 압도적이며, 부족함이 없다.
2. **단일성(singularity)**: 하나님의 은혜는 그분의 성품 자체에서 비롯된 순수한 선이다. 오직 선하고, 오직 은혜로만 주어진다.
3. **우선성(priority)**: 은혜는 인간의 어떤 반응이나 행위 이전에 먼저 주어진다. 선행적인 선물이다.
4. **비상응성(incongruity)**: 은혜는 받을 자격이 없는 자에게 주어진다. 수혜자의 가치나 자격에 상응하지 않는다.
5. **유효성(efficacy)**: 하나님의 은혜는 사람을 변화시키고 열매를 맺게 하는 능력을 지닌다. 단지 제안이 아니라, 실제로 효력을 발휘한다.

6. 비순환성(non-circularity): 은혜는 되돌려 받기 위해 주는 것이 아니다. 보답이나 반대급부를 기대하지 않는 일방적인 선물이다.

바클레이는 이런 여섯 가지 은혜 개념 중에서 각 전통과 학자가 어떤 면을 강조하느냐에 따라 은혜에 대한 이해가 달라져 왔다고 지적한다. 예컨대 고대 유대 문헌들은 한결같이 은혜의 풍성함을 강조했지만, 비순환성(대가나 보답을 요구하지 않는 순전한 은혜)은 어느 본문에서도 찾아보기 어렵고, 부자격자에게 베푸시는 은혜에 대해서는 문헌마다 견해 차이가 있었다는 것이다.

바클레이는 "은혜는 어디에나 있지만 동일하지는 않다"라는 명제를 통해, 1세기 유대교도 충분히 은혜를 말했으나 그 의미와 강조점이 다양했음을 보여준다. 이러한 배경 아래에서, 바울이야말로 은혜의 특정한 속성을 전례 없이 급진적으로 '극대화'한 인물로 등장한다. 바클레이의 해석에 따르면, 바울은 특히 그리스도 안에서 주어진 하나님의 은혜를 '부자격성' 측면에서 극대화하였다. 즉, 그리스도라는 선물은 받는 자의 가치나 자격을 전혀 고려하지 않고 주어진 철저히 무상(無償)의 은혜이며, 이는 유대인과 이방인, 도덕적 사람과 죄인 사이의 모든 공로와 가치의 등급을 무효화하는 파격적 은혜였다. 바울은 이 '불균형적 은혜'(은혜의 비대칭성)를 통하여 토라(율법)가 규정하던 가치체계를 상대화하고, 유대인과 이방인이 동등하게 은혜로 구원받는 공동체의 토대를 놓았다.

갈라디아서와 로마서를 정밀 분석한 바클레이는, 바울이 특히 갈라디아서에서 그리스도의 은혜가 '새로운 가치의 기준'이 되어 율법 준수라는 기준을 폐기하였음을 역설한다(갈 2:21, 6:14-15). 또한 로마서에서도 이스라엘의 구원 문제를 은혜의 관점에서 재정의하여, '남은 자의 구원'과 '(구원에) 이방인을 포함하는 것'이 하나님의 값없는 선물에 기인한 것으로 보인다고 설명한다. 바울이 말하는 '율법의 행위'에 대한 비판도 단순히 유대인의 배타주의(새관점)나 인간의 도덕적 무능(전통적 관점)에 대한 반박으로 환원되지 않는다.

바클레이에 따르면, 그리스도 안에서 드러난 은혜의 새 현실에 비춰 볼 때, 바울은 율법이 요구하는 어떠한 행위도 구원에 필수적인 '가치'로 간주될 수 없음을 선언한 것이다. 이는 바울이 율법 준수 자체를 악하거나 무의미하다고 말하는 것이 아니라, 율법을 지키는 행위를 '자랑'하거나 그것을 구원의 조건으로 삼는 태도를 거부한 것이라고 바클레이는 해석한다. 다시 말해, 바울에게 문제가 된 것은 토라 그 자체라기보다 토라 준수를 통해 '가치 있는 자'로 인정받으려는 사고이며, 바울 복음은 그리스도의 은혜 외에 어떤 공로도 가치 기준이 될 수 없음을 선포한 것이다. 이러한 해석은 바클레이가 새관점의 민족주의적 해석과 옛관점의 개인 구원적 해석을 모두 비판적으로 수용하면서, 은혜라는 주제를 중심으로 새 길을 모색하고 있음을 보여준다.

역시나 바클레이는 옛관점이 바울의 율법 비판을 지나치게 개인주의적이고 반율법적으로 해석했음을 지적한다. 그는 옛관점처럼 유대교를 율법주의로 단순화하지 말아야 한다고 말한다. 왜냐하면 바울이 율법 자체를 부정하지 않았으며, 유대교가 단순히 율법주의적이지 않았기 때문이라는 점을 지적한다.

바클레이의 가장 중요한 기여 중 하나는 은혜의 '조건 없음'을 재구성한 점이다. 바클레이는 은혜가 선행 조건 없이 주어지지만, 응답을 요구하지 않는 것은 아니라고 강조한다. 바울이 극대화한 은혜의 핵심은 하나님이 우리를 가치로 평가하지 않고 은혜를 베푸셨다는 점(무자격성)이지, 은혜가 은혜를 받은 자에게 아무 책임이나 변화의 의무를 부과하지 않는다는 의미에서 '값싼 은혜'는 아니라는 것이다. 실제로 바울 서신에서 하나님의 최종 심판과 순종의 필요성은 여전히 유효하며, 바울은 은혜로 구원받은 자들이 마땅히 열매 맺는 삶으로 응답해야 함을 가르친다고 말한다(예: 롬 6:1-4, 갈 5:13-25).

바클레이는 이를 "은혜는 무조건적(unconditioned)이지만(선행 조건을 요구하지 않지만), 무책임적(unconditional)이지는 않다(응답의 의무마저 없는 것은 아니다)"라는 유명한 문구로 요약한다. 하나님은 아무 조건 없이 구원의 선물을 주셨지만, 그 선물은 받는 자의 삶을 변화시키고 순종으로 되돌려지는 관계의 순환을 전제한다는 뜻이다. 고대 세계의 선물 개념상 값진 선물을 받으면 상응하는 감사와 충성을 보이는 것이 당연했듯이, 바울도 은혜에 합당한 삶의 반응을 구원의 일부로 보았다는 것이다.

이러한 통찰을 통해, 바클레이는 제3관점 내의 다른 학자들보다 은혜와 심판, 신앙과 행함 사이의 긴장을 보다 균형 있게 파악하며, 하나님의 주권적 은혜와 구원받은 이들의 윤리적 책임을 통합적으로 이해하려 한다. 요컨대, 바클레이의 바울신학은 은혜의 역사적 맥락과 신학적 깊이를 모두 반영하면서, 전통적 관점과 새관점의 이분법을 넘어서는 통합적 시각을 제시한 것으로 평가된다.

결국 제3관점 학자들은 전통적 관점과 새관점 양측 모두에 문제의식을 제기하면서, 양 진영을 아우르거나 넘어서려는 대안을 모색하는 공통점을 지닌다. 이들은 율법 대 은혜라는 개인 구원 논쟁을 넘어 우주적 차원의 죄와 죽음의 문제를 부각시키며, 동시에 1세기 유대교의 은혜로움을 인정하면서도 바울이 선포한 은혜의 독특한 새로움을 강조하려 한다. 이러한 공통된 노력 덕분에, 세 학자는 바울신학 연구의 지평을 확대하고 은혜와 구원에 대한 성찰을 심화시켰다는 평가를 받는다.

세 학자 사이의 차이점

비록 공통된 방향성이 있으나, 마틴, 캠벨, 바클레이 사이에는 다음과 같은 차이가 존재한다.

1. 율법과 구원 역사에 대한 이해: 마틴은 율법을 옛 시대에 속한 것으로 보며, 토라를 악한 세력들에 의해 매개된 중재자로 간주한다. 이는 바울이 율법을 부정적으로 묘사한 것

처럼 보이게 할 위험이 있다. 반면 바클레이는 토라 자체를 악으로 보지 않고, 바울이 율법의 '행위'를 배격한 이유를 사회적·신학적 가치체계의 왜곡 때문이라고 본다. 바클레이는 은혜의 새 질서 속에서 토라를 상대화하며, 하나님의 계획 속에서 토라의 긍정적 위치를 인정한다. 캠벨은 율법 자체보다 '칭의 이론'을 비판하며, 율법주의적 복음 이해를 문제 삼는다. 캠벨은 율법의 윤리적 기능을 완전히 부정하지 않으며, 그리스도 안에서 율법이 성취됨을 인정할 여지를 둔다.

2. 은혜와 인간 응답의 관계: 마틴과 캠벨은 하나님의 은혜의 주권성과 일방성을 강조하며, 인간의 응답을 극도로 축소한다. 마틴은 하나님의 행위와 인간의 행위를 양자택일적으로 대립시키며, 바울의 논지를 '전적으로 하나님의 행위 대 인간의 행위' 구도로 파악한다. 캠벨 역시 믿음조차 하나님의 결과로 보아, 인간이 조건을 충족하는 여지를 철저히 배제한다. 그러나 바클레이는 은혜의 부자격성과 우선성을 강조하면서도, 이에 대한 인간의 책임 있는 응답을 구원의 일부로 간주한다. 그는 은혜가 선행 조건은 없지만 무책임한 것도 아니라고 보며, 변화와 순종을 포함하는 은

혜 개념을 제시한다.

3. **종말론과 묵시 사상의 강조점:** 마틴은 바울신학의 시간 구조를 '이미 도래한 새 창조 대(vs) 아직 남아 있는 악한 시대의 긴장'으로 파악한다. 캠벨은 현재 그리스도 안에서 살아가는 실현된 종말의 강조에 무게를 둔다. 반면, 캠벨은 미래 심판의 중요성을 상대적으로 축소시킨다는 비판을 받는다. 하지만 바클레이는 은혜의 현재적 선물성(은혜)과 미래의 심판이라는 양극단 사이에서 균형 잡힌 종말론을 제시한다. 바클레이는 신자의 삶의 변화와 공동체의 형성을 하나님의 은혜에 대한 응답이자 다가올 종말을 미리 보여주는 표지로 이해한다.

세 학자의 학문적 접근 방식의 차이

마틴과 캠벨은 바르트주의나 묵시종말론 같은 신학적 틀을 바울 해석에 강하게 적용하며, 특정 본문을 통해 대담한 신학적 주장을 전개한다. 그러나 바클레이는 역사적 자료, 고대의 은혜 개념, 1세기 유대 문헌, 교회사적 논쟁 등을 통합하여 신학과 역사를 아우르는 총체적 접근을 취한다. 이로 인해 마틴과 캠벨의 글은 신학적 에세이에 가까우며, 바클레이는 보다 포괄적이고 신중한 분석을 선호한다.

제3관점 안에는 신학적 다양성과 함의에도 차이가 있다. 제3관점의 바울신학은 단일한 해석 체계라기보다, 공유된 문제의식 아래 다양한 강조점과 방법론이 공존하는 스펙트럼이다. 마틴, 캠벨, 바클레이의 견해 차이는 이러한 다양성을 잘 보여준다. 이들은 모두 바울 복음의 새로운 차원을 조명하고자 하지만, 강조점과 해석의 균형에서 상이한 입장을 취한다. 마틴의 급진적 단절은 바클레이의 연속성과 연결되며, 캠벨의 무조건적 구원론은 바클레이의 은혜-책임 변증법 속에서 조정될 여지를 가진다. 동시에 바클레이 역시 마틴과 캠벨을 통해 바울 복음의 급진성을 재발견한다. 이처럼 제3관점은 서로의 한계를 보완하면서 더욱 입체적으로 바울신학의 이해를 발전시킨다.

신학적으로 제3관점의 다양성은 바울신학의 주제를 재균형시키는 데 기여한다. 마틴과 캠벨이 강조한 그리스도 사건의 급진성은 하나님의 초월적 구원을 강조하고, 바클레이가 강조한 인간의 책임 있는 응답은 신자의 윤리와 공동체의 중요성을 부각시킨다. 이 상보적 시각은 바울 복음이 단지 개인 구원 교리에 머무르지 않고 우주적·사회적 변혁을 포함한다는 것을 보여준다.

또한 제3관점은 다양한 학문적 방법론과 해석의 융합을 보여주는 본보기가 된다. 묵시적 바울 진영과 은혜의 사회사 연구가 하나의 대화 틀 안에 공존함으로써, 바울 연구는 단순한 이분법이 아닌 다각적 검증과 통합적 탐구의 장으로 전환되고 있다. 이는 신약신학 전반에도 긍정적인 선례를 제공하며, 교회의 자기 이해를 풍성하게 하는 신학적 성취로 평가될 수 있다.

궁극적으로 제3관점은 은혜의 무조건성, 그리스도 안에서의 새 창조, 이에 응답하는 공동체라는 복음의 본질을 현대에 새롭게 조명해 주며, 교회가 바울신학의 유산을 더욱 풍성하게 해석하고 적용해 나갈 수 있는 길을 제시한다.

제3관점을 넘어 더 진보된 관점

『바울이 전하는 세 가지 구원의 길』 책을 저술한 가브리엘레 보카치니(Gabriele Boccaccini)는 세계적으로 저명한 제2성전기 유대교 및 초기 랍비 문헌 연구가다. 특별히 에녹 세미나 설립자로, 에녹계 문헌 분야의 전문가다. 에녹계 문헌은 제2성전기 유대교에서 악의 기원, 죄와 심판, 의인의 구원에 관한 심도 있는 논의를 포함한 묵시적 자료로, 당시 유대인들에게 영적 위안과 구원의 희망을 제공하는 문서였다.

보카치니는 바울 논쟁에 새로운 관점을 제공한다. 옛관점, 새관점, 중도적 새관점, 새 새관점을 넘어, 제2성전기 유대교에 대한 에녹계 문헌을 통해 바울이 어떤 사람이고 무엇을 말했는지에 대해 새로운 논증의 길을 제시하고 있다.

우선 보카치니는 다음 두 가지를 경계한다. 첫째, 바울의 기독교성을 주장하기 위해 바울을 유대교에서 분리시키지 말라고 한다. 둘째, 바울의 유대성을 주장하기 위해 바울을 초기 예수 운동에서 분리시키지 말라고 한다.

보카치니는 바울의 유대적 배경에 관해 말하면서 바울의 정체성을 논한다. 즉, 그는 바울이 제2성전기의 유대인으로서 기독교를 따르며, 유대적 정체성을 유지했음을 기술한 것이다.

그렇다면 이런 내용은 새관점과 어떻게 다를까? 새관점은 바울의 유대적 정체성을 재발견하려는 연구에서 그 경향을 논할 때, 유대교와 기독교의 경계에서 발생한 바울의 역할을 재조명한다. 반면, 제2성전기의 문헌은 바울이 기독교와 유대교를 이분법적으로 보지 않았다고 한다. 즉, 바울의 사상을 유대교와의 연장선에서 이해했다는 것이다.

보카치니는 거기에 더해 세 가지 길을 제시한다. 구원에 이르는 길이 세 가지 있었다는 것이다. 첫째, 유대인들에게는 토라가 있었다. 둘째, 이방인들에게는 양심과 자연법에 따른 선행의 길이 있었다. 셋째, 모든 죄인에게는 예수 그리스도를 믿음으로 말미암은 용서의 길이 있었다. 이런 논의는 로마서에 이미 나오는 내용이다. 그렇다면 보카치니가 이런 것을 제시한 것이 왜 대단할까? 그가 이런 세 가지 길을 에녹계 문헌을 통해, 그리고 제2성전기 내용을 통해 논증하였다는 점이다.

제2성전기 유대교 연구자인 보카치니는 에녹계 문헌을 통해 바울의 구원론을 유대적이고 묵시적 배경에서 해석하는 새로운 접근법을 제시한다. 즉, 기존의 바울 해석, 특히 옛관점과 새관점을 넘어선 독창적 시각을 선보인 것이다. 보카치니는 이를 바탕으로 바울의 구원론을 다음 세 가지 주요 관점에서 재해석한다.

1. **'악의 기원과 구원의 필요성'에 관한 설명이다.** 에녹계 문헌은 악의 기원을 인간이 아닌 초월적 존재에서 찾으며, 이 존재가 하나님의 창조 질서를 위협하는 것으로 다룬다.

2. **'다양한 구원의 길'에 대한 시각이다.** 에녹계 문헌은 유대교가 구원을 독점하지 않으며, 하나님이 모든 인류에게 다양한 구원의 길을 열어놓았다는 암시를 담고 있다. 이는 바울이 구원을 율법이나 혈통에 한정하지 않고 다양한 방식으로 인간에게 주어진 것으로 이해했음을 시사한다.
3. **칭의와 구원의 미래성에 관한 강조다.** 에녹계 문헌은 심판의 날을 강조하며, 구원이 단순히 현재 상태가 아니라 미래의 성취를 통해 완성되는 것으로 본다. 보카치니는 이를 바울의 칭의와 구원 개념에 적용하여, 칭의가 현재의 상태를 나타내더라도 궁극적 구원은 미래에 완성된다고 해석한다. 이렇게 보카치니는 바울을 제2성전기 유대교의 묵시적 사고와 연결해서 이해하려 하며, 에녹계 문헌을 통해 바울의 신학을 유대교적 맥락에서 해석하려는 신선한 시도를 하고 있다.

칭의와 구원에서 보카치니와 새관점 학파의 차이는 무엇일까? 칭의를 단순히 구원의 전부로 보지 않으며, 구원으로 들어가는 중요한 요소로 여긴다는 점에선 비슷하다. 다른 점이라면, 보카치니는 칭의와 구원을 좀 더 분명하게 구분한다는 것이다. 칭의가 신분상의 변화라면, 구원은 그리스도와의 최종적 관계 회복과 영생에 관련된 미래적 성취로 강조한다. 반면, 새관점에서는 칭의와 구원을 종말론적으로 연결시킨다. 현재와 미래를 아우르는 구원으로서 칭의를 이해한다.

그렇다면, 보카치니의 바울 해석은 새관점에 속하는가? 부분적으로는 그렇다. 보카치니는 바울의 유대적 정체성과 배경을 강조하며, 바울이 율법 중심의 '행위 의'를 비판한 것이 아니라 유대교 내부의 구원 이해 속에서 활동한 인물이라고 볼 수 있다고 해석한 것이다. 이러한 점은 새관점 학자(E. P. 샌더스, 제임스 던, 톰 라이트 등)들과 같다. 그러나 핵심 논리의 방향성은 다르다. 새관점은 바울이 '민족 정체성의 경계 표지로서 율법의 행위'를 비판했다고 강조한다. 반면, 보카치니는 바울의 구원론 자체를 제2성전기 유대교 묵시문학, 특히 에녹계 문헌이라는 특별한 범주 속에서 설명한다. 그렇기에 새관점이 포착하지 못했던 바울신학의 우주적·초월적 구조를 강조한다.

그러면 보카치니의 관점은 급진적 새관점, 즉 제3새관점(묵시적 바울로 보는 것)에 속하는가? 그럴 수 있다. 보카치니는 바울을 '묵시적 사상가'로 이해한다. 이는 J. 루이스 마틴(J. L.

Martyn), 더글러스 캠벨(Douglas Campbell) 등이 강조한 '묵시적 바울(Apocalyptic Paul) 해석'과 유사하다. 하지만 차이점은 있다. 묵시적 바울 학파는 바울이 '율법주의적 유대교'와 단절하고 오직 하나님의 무조건적 은혜에 기초해 구원이 주어진다고 보았다. '언약의 연속성'보다 하나님의 새 창조의 단절성을 강조한다. 반면, 보카치니는 바울을 유대교 내부의 연속성 속에 놓고서 해석한다. 묵시 사상의 요소를 끌어오되, 그리스도교를 유대교의 확장으로 이해하는 방향에서 바울을 해석한 것이다. 고로, 보카치니의 해석은 새관점을 넘어 제3관점, 급진적 새관점과 가장 밀접하다고 볼 수 있다.

보카치니는 급진적 새관점과 공명하는 요소들을 지니면서도 독자적인 길을 제시한다. 그는 바울을 묵시적 구원의 틀에서 이해하며, 은혜의 절대적 주도성과 인간의 무능을 강조하고, 종말론적 관점에서 칭의와 구원을 구분한다는 점에서 급진적 새관점과 유사하다. 그러나 보카치니는 에녹계 묵시문학을 비롯한 유대교 전통 안에서 바울을 해석하며, 단절보다 연속성을 강조한다. 특히 그는 바울의 구원론을 '세 가지 길(유대인 - 이방인 - 죄인)'로 구조화하여, 각 집단이 서로 다른 방식으로 구원에 이른다고 보았다. 이를 통해 그는 전통적 칭의 중심의 바울신학과는 다른 다원적 프레임을 제시한다.

제3새관점의 흐름과 핵심 요약 정리

최근 바울신학 연구에서 주목받는 '급진적 새관점'(또는 제3관점)은 바울을 단지 율법 비판자나 민족 경계의 해체자로 보지 않는다. 이들은 바울의 복음을 '하나님의 급진적인 개입'으로 해석하며, 그리스도 안에서의 새 창조, 해방, 무조건적 은혜를 강조한다.

대표적 학자인 J. 루이스 마틴은 바울을 하나님께서 율법 체계를 넘어 세상에 직접 개입하여 악의 세력을 무너뜨리고 새 시대를 여신 사건의 증언자로 해석한다. 바울의 복음은 인간의 응답이나 노력 이전에 하나님의 주권적 침입으로 시작된다는 것이 그의 핵심 주장이다.

더글러스 캠벨은 바울의 칭의 교리가 거래적 논리로 오해되었다고 보고, 로마서 일부를 반어적 논변으로 해석하며 조건 없는 구원을 강조한다. 믿음조차 하나님의 은혜에 응답하는 참여일 뿐, 구원의 전제가 아니라고 주장하는 것이다. 즉, 믿음은 인간의 자발적 결단이라기보다 하나님의 은혜에 응답하는 방식이며, 하나님의 구원 행위는 선행적이고 결정적이다. 캠벨은 로마서 1-4장을 논쟁적 대화체 형식(반어, 대화적 인용 포함)으로 읽으며, 전통적인 이신칭의 해석이 바울 본래의 의도를 왜곡했다고 주장한다. 캠벨의 강조점은 거래적 칭의론의 해체와 무조건적 해방이다.

존 M. G. 바클레이는 고대의 '은혜' 개념을 분석해, 바울이 말한 은혜를 무자격성과 비상응성으로 본다. 한편 바클레이는 순종과 윤리적 응답도 함께 강조하여, 은혜와 책임 사이의 균형을 추구한다.

가브리엘레 보카치니는 묵시 사상과 유대교 내부의 다양성을 바탕으로, 바울이 상황에 따라 다양한 구원 경로를 제시했다고 본다. 보카치니는 바울을 단절보다 연속성과 통합의 신학자로 재조명한다.

이처럼 급진적 새관점은 바울을 더 이상 교리의 수호자나 단순한 율법 비판자가 아닌 우주적 구원 드라마의 선포자로 이해하며, 교회와 신학에 새로운 해석의 지평을 열고 있다.

04
새관점 논쟁의 역사적 전개와 영향

① 초기 확산과 학계의 반응 1970-1999

새관점 학파의 등장은 1970년대 후반부터 1980년대에 걸쳐 학계에 큰 반향을 일으켰다. 1960년대 스텐달의 문제 제기에 이어 1977년에 샌더스의 연구가 나오자, 전 세계 신약학자들이 바울과 유대교 문제를 새롭게 조명하기 시작했다. 1980년대에는 제임스 던의 논문과 편집 저작들이 연달아 출간되면서 새관점의 쟁점을 구체화했고, 여러 학술지에서 바울의 율법과 칭의에 대한 논쟁적인 논문들이 쏟아졌다. 1982년 던의 새관점 강연 이후 학계에서 하나의 큰 흐름으로 인정받아, 관련 연구서의 출간과 세미나가 활발히 이어졌다. 1980년대 말에는 영국과 북미의 신약학회에서 바울과 유대교 주제가 집중적으로 토론되었고, 1990년대에는 새관점에 우호적인 학자들과 회의적인 학자들 사이에서 본격적인 논쟁 서적의 출판이 시작되었다.

보수주의 진영의 신약학자들이 초기 교부들의 글이나 사해 두루마리 자료 등을 재검토하여 샌더스의 주장에 이의를 제기하는 연구들을 발표하기도 했다. 하지만 새관점은 전반적으로 1990년대 말까지 학계의 주류 담론 중 하나로 자리 잡았다. 제임스 던이 2002년에 세계신약학회(SNTS) 회장을 역임하기도 했는데, 이는 새관점이 신약 연구의 주류 흐름으로 인정받았음을 시사했다.

이 시기의 새관점 논쟁은 주로 학계 내부에 국한돼 있었지만, 1990년대 후반부터 2000년대 초반에 걸쳐 교단 신학자들과 목회자들 사이에도 새관점에 대한 관심이 서서히 높아지기 시작했다. 예컨대 1999년 루터교-가톨릭 사이에 '칭의 교리에 관한 공동선언'이 이루어지면서 개신교 전통의 칭의 이해에 대한 재고가 화제가 되었다. 이와 맞물려 새 관점 학자들의 견해가 개신교 내부의 대화에서 언급되는 일도 있었다.

영국에서는 2003년 복음주의 저술가 스티브 칼케(Steve Chalke)가 새관점에 영향을 받아, 전통적 형벌 대속론을 비판하는 책을 출간하여 보수적 복음주의자들과 논쟁이 벌어졌다. 칼케는 '하나님의 진노를 예수에게 대신 쏟아부은' 형벌적 속죄 교리를 "하나님이 자기 아들을 학대한 것과 같다"라고 표현했다. 이는 새관점이 강조하는 관계적, 언약적 구원 이해와 맥을 같이한다고 여겨졌다. 이에 대해 영국 복음주의 진영에서는 강한 반발이 일어났다. 2005년 복음주의연맹이 공개 심포지엄을 열기도 했다. 보수 신학자들은 이를 반박하는 책인 『Pierced for Our Transgressions』(2007)를 출간하며 전통 교리를 수호하고자 했다. 당시의 라이트는 오히려 칼케를 두둔하며, 반박자들의 주장을 "심각하게 비성경적"이라고 비판했다. 이 사건은 새관점 논쟁이 복음과 십자가 신학에 대한 교계 논쟁으로까지 확대될 수 있음을 보여주는 사례였다.

② 2000년대 복음주의 교단들의 논의와 대응

2000년대 중반에 이르러 북미 복음주의 교단들 사이에서는 새관점에 대한 경계와 비판이 본격화되었다. 미국 장로교(PCA)와 같은 보수 개혁파 교단에서는 새관점이 종교개혁 신앙의 핵심인 이신칭의 교리를 훼손할 수 있다는 우려 아래, 교단 차원의 연구위원회를 구성하여 새관점과 페더럴 비전(Federal Vision) 신학을 함께 조사하고 평가하였다. 2007년 PCA 총회에서는 새관점과 페더럴 비전이 개혁주의 신앙고백에 합치되지 않는다는 보고서가 채택되어 목회자들에게 주의가 촉구되었다.

또한 복음주의 신학회(ETS)에서도 2010년 연차회의의 주제를 '바울의 칭의 교리'로 정하고 N. T. 라이트와 전통주의자 사이의 공개 토론을 예고하였으나, 존 파이퍼 대신 톰 쉬라이너가 참여하게 되었다. 이는 복음주의 진영 내에서 새관점에 대한 경계와 동시에 소통의 필요성도 인식하고 있었음을 시사했다.

교단별 수용도를 살펴보면, 영국 성공회나 감리교 계통 신학교 등에서는 새관점이 적극 토론되고 일부 수용되었다. 반면, 루터교나 개혁교회 전통에서는 대체로 비판적 거부내지는 신중하게 거리를 유지하는 태도를 보였다. 루터교회는 새관점이 루터가 발견한 복음의 진리를 훼손한다고 보았다. 개혁파 교회 역시 행위 없이 오직 믿음으로 족하다는 종교개혁의 칭의 원리가 새관점으로 인해 흐려진다고 우려하였다. 이에 따라 미국의 보수 장로교단과 개혁파 교단 등은 신학교 교육과 목회 현장에서 새관점을 경계하도록 지도하였다.

반면, 로마 가톨릭과 동방 정교회의 반응은 비교적 긍정적이었다. 이들은 전통적으로 믿음에 사랑과 순종이 따르는 구원론을 강조해왔기 때문에, 개신교 내의 새관점 논쟁을 보면서 오히려 "프로테스탄트 신학이 이제야 행위의 역할을 부분적으로라도 인정하려 한다"라고 평가했다. 실제로 가톨릭 신학자들과 동방 정교회 학자들은 새관점의 저술에 대해 호의적 서평을 남기기도 하였으며, 이는 새관점이 교회 일치(ecumenical)의 대화에도 함의를 지닌다는 점을 시사했다. 라이트는 새관점으로 인해 "이신칭의 교리가 더 이상 가톨릭과 개신교를 가르는 장벽이 되지 않을 수 있다"라고 언급하기도 했다.

③ 신학적 영향과 의의

새관점 논쟁은 지난 수십 년간 정통 교의학과 성경신학 양쪽 모두에 깊은 영향을 미쳤다. 교의신학(dogmatics)에서는 칭의 교리에 대한 개신교 전통의 이해가 새관점의 도전에 직면하면서 자신의 근거를 재점검하게 되었다. 많은 복음주의 조직신학자들이 새관점을 반박하거나 수용하는 글을 썼고, 칭의, 성화, 교회론, 언약론 등의 주제가 활발히 논의되었다. 그 과정에서 '칭의와 성화의 관계', '구원에 있어서 행위의 역할', '언약신학 대 성경신학' 등 오래된 논점들이 재조명되었다.

어떤 개혁파 신학자는 새관점이 결국 반(半)펠라기우스주의(Semi-Pelagianism)를 부활시키는 것이라고 경고하였다. 반대로 어떤 복음주의자는 새관점 덕분에 그간 개신교가 등한시했던 바울 서신의 윤리적 요구와 공동체적 측면을 되찾게 되었다고 평가하였다.

성경신학(Biblical Theology) 및 해석학 측면에서는 새관점이 본문의 역사적 맥락을 중시하는 해석 경향을 강화하였다. 이는 1970년대 이후 성경 배경 연구와 사회과학적 방법이 부흥한 흐름과 맞물려, 1세기 유대교-헬레니즘 세계라는 콘텍스트 속에서 바울을 읽는 다양한 시도를 촉진했다. 그 결과 바울 서신을 제2성전기 유대 문헌과 비교하는 연구, 그리고 고대 문헌의 '은혜(선물) 개념'을 바울과 연결짓는 연구(예: 존 바클레이의 『Paul and the Gift』, 2015) 등이 활발히 이루어졌다.

요약하면, 새관점 논쟁은 바울을 이해하는 신학계의 지형을 크게 바꾸어 놓았고, 오늘날까지도 그 파급 효과가 이어지고 있다.

④ 바울 해석을 둘러싼 새관점 논쟁 연대기

지난 수십 년간 학계와 교계에서 지속적으로 이어져 온 신학적 대전환의 흐름이 있었다. 이 논쟁의 시기별 주요 분기점들은 다음과 같다.

- **1963년:** 크리스터 스텐달(C. Stendahl)은 「서구의 내재적 양심과 사도 바울」이라는 논문을 발표하며, 종교개혁 이후 서구 신학이 바울을 '죄책에 시달리는 양심'의 문제로 해석한 관점에 의문을 제기했다. 그는 바울을 이해하기 위해서는 1세기 유대교 맥락에 대한 재조명이 필요하다고 주장했다.

- **1977년:** E. P. 샌더스(E. P. Sanders)는 『바울과 팔레스타인 유대교(Paul and Palestinian Judaism)』를 출간하면서 유대교를 '언약적 율법주의'(Covenantal Nomism)로 규정하였다. 그는 바울이 비판한 대상은 유대교 자체가 아니라 특정한 율법주의의 형태였다고 설명하면서, 새관점 논의에 기폭제 역할을 했다.

- **1982년:** 제임스 D. G. 던(James. D. G. Dunn)은 'The New Perspective on Paul'이라는 강연을 통해 '새관점'(New Perspective)이라는 용어를 공식화했다. 그는 바울이 반대한 '율법의 행위'는 유대인의 정체성을 구분 짓는 표징(할례, 식탁 규례 등)이었으며, 일반적 행위 구원론이 아니라고 주장했다.

- **1980년 - 1990년대:** 이 시기는 새관점 논의가 학계 중심에서 활발하게 확산되던 시기였다. 수많은 논문과 단행본이 출간되었고, 각종 신학 학회에서 열띤 토론이 이어졌다. 동시에 보수적 신학자들로부터의 강한 비판도 함께 고조되었다.

- **1990년대 중반 - 2000년대 초:** 이 시기에는 제2세대 중도 새관점(Middle Perspective)을 대표하는 신학자들이 본격

적으로 등장하였다. 스티븐 웨스터홈(Stephen Westerholm), 마이클 버드(Michael Bird), 사이먼 개더콜(Simon Gathercole) 등은 샌더스와 던이 제기한 1세기 유대교 재해석의 공로는 인정하면서도, 새관점이 인간의 보편적 죄 문제, 자기의의 본성, 칭의의 은혜 중심성을 간과했다고 비판했다. 그들은 바울이 율법의 행위를 민족적 경계 표지로만 본 것이 아니라 보다 근본적인 율법주의적 자기의의 문제를 지적하고 있음을 강조했다. 이러한 시도는 전통적 바울 해석과 새관점 사이의 균형을 모색하는 신학적 조정으로 평가받는다.

- **2001년 - 2004년:** D. A. 카슨(D. A. Carson) 등의 주도로 『칭의와 다양한 율법주의』(Justification and Variegated Nomism, Vol.1-2)가 출간되었다. 이 시리즈는 샌더스가 묘사한 유대교 상(想)이 지나치게 긍정적이고 단순화된 것이라는 비판을 담고 있으며, 유대교 내의 율법주의 양상을 보다 복합적으로 해석할 필요성을 제기했다.

- **2003년:** 영국 복음주의권에서 새관점 논쟁이 대중적으로 확산되기 시작했다. 스티브 칼케(Steve Chalke)의 저서와 그에 대한 반발, 그리고 복음주의연맹의 공개 심포지엄에 N. T. 라이트(N. T. Wright)가 중심인물로 참여하면서 논쟁의

열기가 더해졌다.

- **2007년:** 존 파이퍼(John Piper)는 『칭의의 미래』(The Future of Justification)를 출간하면서 N. T. 라이트의 주장을 정면 반박했다. 같은 해 미국의 대표적 개혁교단인 PCA와 OPC는 새관점 및 페더럴 비전(Federal Vision)에 대한 공식 보고서를 채택하며 우려를 표명하였다.
- **2008년:** 이 시기부터는 제3세대 급진 새관점(Radical New Perspective) 또는 묵시적 바울(Apocalyptic Paul)의 흐름이 본격적으로 부상하였다. 대표적인 인물은 J. 루이스 마틴(J. Louis Martyn)과 더글러스 캠벨(Douglas Campbell)이다.

마틴은 『갈라디아서 주석』(Galatians: A Commentary)을 통해 바울의 서신을 묵시적 전쟁 구조로 해석하였다. 그는 갈라디아서를 '이 세대의 현재 악함'과 '하나님의 새 창조' 사이의 전투로 보며, 칭의를 인간의 응답이 아닌 하나님의 주도적 구속 사건으로 파악했다.

캠벨은 『하나님의 구속』(The Deliverance of God, 2009)을 통해 전통적 바울 해석을 신랄히 비판하였다. 그는 로마서 1-4장을 가상의 율법주의자와의 논쟁 구조로 해석하며, '칭의 교리 자체'를 해체하고 구원을 '해방'(deliverance) 개념으로 대체했다. 또한 '믿음'(pistis)은 인간의 응답이 아니라 그리스도의 신실함이라고 보았다. 이들은 새관점보다 더 급진적인, 바울신학의 본질적 재구성에 나선 흐름으로 평가된다.

- **2009년**: N. T. 라이트는 『칭의』(Justification)를 출간하며 존 파이퍼 등의 비판에 대한 반론을 제시했다. 그는 자신의 바울 해석이 오히려 성경 본문에 더욱 충실하다고 주장했다. 이로 인해 새관점 논쟁은 학계를 넘어 일반 독자층에도 널리 알려지게 되었다.
- **2010년대**: 바울 해석의 지형은 더욱 다양해졌다. 『바울을 유대교 안에서 읽기』(Paul within Judaism), 『묵시적 바울(Apocalyptic Paul)』 같은 책들을 통해 새관점을 넘어서는 여러 흐름들이 부상하면서, 바울 연구는 다원화 국면에 접어들었다. 중도 관점, 급진 관점, 전통 해석이 서로 대립하면서도 상호 비평하는 복합적 구조가 형성되었다.
- **2015년**: 존 M. G. 바클레이(John M. G. Barclay)가 『바울과 선물』(Paul and the Gift)을 출간했다. 그는 고대 세계의 은혜 개념에 대한 심도 깊은 연구를 통해, 무조건성과 상호성의 긴장 속에서 바울의 은혜 개념을 새롭게 조명했다. 이 작업은 새관점 이후의 논의를 신학적으로 한층 더 성숙하게 만

들었다는 평가를 받았다.

- **현재:** 새관점 논쟁은 이제 일종의 '신학적 유산'으로 정착되는 흐름 속에 있다. 학계에는 전통적 바울 해석과 새관점, 그리고 묵시적 해석 등 다양한 입장들이 공존하며, 바울 해석의 다층성이 인정되고 있다. 교계에도 이 논의를 신중하고 균형 있게 평가하려는 시도가 점차 늘고 있으며, 바울신학은 계속해서 발전하고 있다.

새관점의 역사적 전개 흐름의 핵심 요약 정리

지난 반세기 동안 "바울을 어떻게 이해할 것인가"에 대한 신학계의 논쟁은 단순한 해석 차원을 넘어 복음의 본질과 교회의 정체성을 근본에서 재구성하는 신학적 지각변동으로 이어졌다. 그 중심에는 이른바 '새관점'(New Perspective on Paul)이라고 불리는 해석학적 흐름이 있다.

1. '죄책의 사도'에서 '묵시의 선포자'로: 논쟁의 기폭제는 1963년 하버드대 교수 크리스터 스텐달이 던진 문제 제기였다. 스텐달은 바울을 '양심의 불안에 시달리는 개인'으로 묘사해온 서구 개신교 전통에 반기를 들며, 바울을 오히려 1세기 유대교와 공동체 정체성의 문제에 집중한 인물이라고

보았다.

1977년 E. P. 샌더스는 그의 저서 『바울과 팔레스타인 유대교』에서 유대교를 '언약적 율법주의'로 정의하며, 바울이 반대한 대상은 은혜 없는 율법주의가 아니라 특정한 경계 표지의 왜곡된 사용이라고 주장했다. 이는 바울신학에 대한 판을 뒤엎는 작업이었다.

1982년 제임스 던은 'The New Perspective on Paul'이라는 강연을 통해 '새관점'이라는 용어를 공식화하고, 바울의 '율법의 행위' 비판은 민족주의적 선민 의식에 대한 거부였음을 강조했다. 여기에 톰 라이트가 가세하면서, 바울의 의(義) 개념은 법정적 신분 선언이 아니라 하나님의 언약적 신실성의 드러남이라는 주장이 힘을 얻기 시작했다.

2. 복음주의의 반발, '칭의 논쟁'으로: 새관점은 곧 보수 복음주의 진영의 거센 반발을 불러왔다. 미국 PCA, OPC 등 개혁파 교단은 새관점과 페더럴 비전 신학이 종교개혁의 핵심인 '이신칭의' 교리를 훼손한다고 판단하고, 2007년 총회에서 공식 보고서를 채택했다.

존 파이퍼는 『칭의의 미래』(2007)에서 N. T. 라이트의 바울 해석을 강도 높게 비판했고, 라이트는 이에 대해 『칭의』

(2009)를 통하여 정면으로 반론을 제기하여, 소위 '칭의 전쟁'이라고 불리는 논쟁이 교계를 뜨겁게 달궜다. 영국 복음주의권에서는 형벌 대속론에 이의를 제기한 스티브 칼케의 발언으로 인해 심포지엄과 반론 저작들이 쏟아지면서 대중적 논쟁으로 확산되기도 했다.

3. 중도와 급진 사이, 다층화되는 바울 해석: 1990년대 중반 이후, 스티븐 웨스터홈, 마이클 버드, 사이먼 개더콜 등은 새관점의 공로는 인정하면서도, 바울이 단순히 민족주의를 비판한 것이 아니라 인간의 자기의와 보편적 죄 문제도 지적했음을 강조했다. 이들은 새관점과 전통 해석 사이의 균형을 모색하는 '중도 새관점'을 대표했다.

반면, 2008년 이후에는 더 급진적인 흐름이 부상했다. J. 루이스 마틴은 갈라디아서를 묵시적 전쟁의 서신으로 해석했고, 더글러스 캠벨은 『하나님의 구속』(2009)에서 바울의 칭의 교리를 아예 해체하며, 구원은 '해방'(deliverance)이며 '믿음'은 인간의 응답이 아닌 '그리스도의 신실함'(pistis Christou)이라고 주장했다. 이들은 '급진 새관점' 또는 '묵시적 바울'이라 불리는 흐름을 이끌었다.

4. 은혜를 다시 묻다, 해석학과 교회 일치까지: 2015년 존

M. G. 바클레이는 『바울과 선물』을 통해 고대 은혜 개념의 다층성을 분석하고, 바울이 말한 은혜는 무자격성과 비상응성의 긴장 위에 있다고 주장했다. 그의 작업은 새관점 이후의 신학을 보다 성숙하게 만들었다는 평가를 받는다.

한편, 로마 가톨릭과 동방 정교회는 오히려 새관점에 긍정적인 반응을 보였다. 라이트는 "이신칭의 교리는 더 이상 교회 분열의 장벽이 아닐 수 있다"라고 말하며, 새관점이 에큐메니컬 대화에도 새로운 지평을 열 수 있음을 시사했다.

여전히 열려 있는 신학 여정

새관점 논쟁은 단순한 학문적 견해 충돌을 넘어 개신교의 정체성 자체를 재점검하게 만든 신학적 전환점이다.

바울은 더 이상 '칭의의 교리 수호자'에만 머무르지 않는다. 하나님의 새 창조를 선포하는 묵시적 사도이자, 복음의 공동체적, 우주적, 종말론적 차원을 드러내는 예언자로서의 여지도 있다.

오늘날 바울 해석의 지형은 '전통 해석', '새관점', '새관점 그 이후', '중도 새관점', '급진 새관점'이 공존하는 다층적 구조로 전개되고 있다. 신학계와 교계 모두에서 더 정직하고 더 역사적인 바울 읽기를 향한 모색은 계속되고 있다. 새관점은 이미 하나의 흐름을 넘어 복음 그 자체를 새롭게 묻는 물음이 되고 있다.

2부

새관점의 대표 학자들과 새관점을 반대한 학자들

New Perspectives
Debate on Paul

05
다섯 명의 주장과 신학

앞에서는 새관점(New Perspective on Paul) 학자들을 전반적으로 언급했다. 이제는 그들 중에서도 이 흐름을 대표하는 주요 신학자들, ① 크리스터 스텐달(Crister Stendahl), ② E. P. 샌더스(E. P. Sanders), ③ 제임스 던(James D. G. Dunn), ④ 톰 라이트(N. T. Wright), ⑤ 존 바클레이(John M. G. Barclay) 등의 주장과 신학을 좀 더 구체적으로 살펴보자.

① 크리스터 스텐달 Crister Stendahl, 1921-2008

『유대인과 이방인 사이에 있는 바울』 책을 쓴 크리스터 스텐달은 새관점의 시작점에 있는 인물이다. 새관점의 대가, E. P. 샌더스, 제임스 던, 톰 라이트 모두 스텐달에게 빚을 지고 있다.

스텐달은 종교 개혁 이래, 서양 학자들이 자신들의 관점에서 바울 서신서를 읽어간 것에 제동을 걸었다. 스텐달은 바울 서신서를 읽을 때 서양의 성찰적 양심을 회복하기를 소망했다. 사실 스텐달은 1961년 미국 심리학회 연례 학회에 초청받았을 때, 자신의 연구가 바울신학의 '심리적 해석'을 다룬 것임을 밝혔다. 이는 바울에 관한 기존 연구에서 심리적 이해에 큰 오류가 있음을 지적했던 것인데, 옛관점이 바울의 신학적 고찰에서 바울 개인의 심리 측면으로 몰아갔다는 것이다.

어거스틴 이래 루터와 칼빈의 전통적인 바울 해석은 개인의 죄로 인해 고통받는 바울을 묘사했던 것이다. 그러나 스텐달의 생각은 바울이 개인적인 죄로 고통당하지 않았다는 것이다. 그렇다면 바울은 무엇으로 괴로워했고, 옛관점은 바울신학을 어떻게 오해했다는 말인가?

바울을 면밀히 살펴보기 위해 로마서 7장을 보면, 스텐달은 바울이 죄로 고뇌하는 것이 아니라고 했다. 바울이 고뇌한 것은 자기가 무지 가운데 하나님을 모독했던 것이고, 폭력적인 박해자로 활동한 것을 가리킨다고 했다.

스텐달은 바울이 과거엔 율법의 의로움에서 흠잡을 것이 없던 인물이었음을 지적했다(빌 3:6). "율법에 의한 의로움에서는 흠잡을 데 없었습니다."(열심으로는 교회를 박해하고 율법의 의로는 흠이 없는 자라). 바울은 율법을 완벽하게 지키지 못할까 봐 전전긍긍하지 않았다는 것이다. 그러므로 양심의 고통에 시달리는 바울로 묘사해서는 안 되며, 옛관점이 주장한 '이신칭의'(믿음으로 말미암아 의롭다고 선포되는 것)의 교리는 사회적 산물이라고 주장했다.

스텐달은 바울이 유대인과 이방인의 관계 문제를 씨름하며 고민했던 것이지, 개인적 심리적 고뇌가 아니었다고 했다. 그는 바울의 다메섹 사건을 부르심의 소명으로 보았을 뿐 아니라, 로마서의 중심축을 전반부(1-8장)가 아니라 후반부인 9-11장으로 옮겼다. 즉, 개인적인 내용보다 공동체적 내용에 집중했던 것이다. 이런 주장은 나중에 E. P. 샌더스, 제임스 던, 톰 라이트 사상에 흡수된다.

② E. P. 샌더스 E. P. Sanders, 1937-2022

『바울과 팔레스타인 유대교』 책을 쓴 E. P. 샌더스는 다음과 같은 내용을 주장한다.

1. **언약적 율법주의:** 샌더스는 제2성전기 유대교를 '언약적 율법주의'(Covenantal Nomism)라는 틀로 분석한다. 은혜를 통해 들어가고(getting in), 그런 다음, 율법 준수는 이 언약적 관계를 유지한다(staying in)고 본다. 샌더스는 랍비 문헌과 사해 두루마리 문서들을 분석하면서, 유대인들이 율법을 구원에 이르는 행위로 간주한 것이 아니라고 기술한다. 율법은 그들이 이미 하나님과의 언약 관계에 들어간 다음, 이를 유지하기 위한 수단이라는 것이다.

2. **제2성전기 유대교와 바울신학의 관계:** 샌더스는 바울신학을 제2성전기 유대교의 배경에서 분석하면서, 바울이 유대교를 비판한 이유는 유대인들이 율법을 통해 구원을 얻으려 했기 때문이 아니라고 말한다. 그저 예수 그리스도를 통한 새로운 구원의 길을 제시하기 위함이었다고 주장한다. 이것이 무슨 말인가? 샌더스는 바울이 율법을 비판한 것은 구원을 얻는 방법으로서의 율법이어서가 아니라, 그리스도의 오심 이후 율법의 역할이 종결되었음을 강조하

기 위함이라고 설명한 것이다.

3. **종교적 패턴의 재평가:** 샌더스는 제2성전기 유대교의 종교적 패턴을 재평가하면서, 유대교가 '행위에 의한 구원론'을 가르친다는 전통적 견해를 반박한다. 샌더스는 이러한 분석을 통해 바울신학이 기존의 율법적 종교를 반박한 것이 아니라고 주장한다. 무엇보다 그리스도의 구속 사역을 강조하기 위한 것이었다고 한다. 이는 바울이 유대교의 '율법적 구원론'을 반대한 것이 아니라, '그리스도를 통한 새로운 구원의 길'을 제시하기 위함이었다고 말한 것이다.

③ 제임스 던 James D. G. Dunn, 1939-2020

제임스 던이 저술한 『바울에 관한 새관점』 책은 E. P. 샌더스의 책 다음으로 획기적이다. 샌더스가 새관점에 기초를 놓았다면, 제임스 던은 새관점에 골조를 놓았다고 볼 수 있으며, 톰 라이트는 거기에 살을 입혔다고 말할 수 있다.

던은 샌더스의 새관점을 차용하지만, 그에 대해 크게 두 가지를 비판한다:

1. **불연속성 비판(연속성의 강조):** 샌더스가 바울과 유대교 사이에 단절이 있다고 한 것에 반해, 제임스 던은 여전히 연

속성이 있었음을 강조한다.

2. 율법의 행위 이해 부족 비판(새로운 해석 제시): 제임스 던은 샌더스가 율법의 행위에 대해선 여전히 옛관점으로 보는 경향이 있다고 본다. 새관점으로 봐야 한다는 것이 던의 생각이다.

던은 유대교의 율법 준수를 이방인 선교 사이에서의 균형으로 풀어가야 한다고 말한다. 던은 샌더스의 새관점을 넘어, 바울의 신학적 논변이 단순히 개인의 구원 문제가 아닌 공동체적 문제였음을 시사한다. 바울의 신학이 단순히 유대교에 대한 비판이 아니라, '언약의 재정립'과 '이방인들의 포함'을 통한 신학적 확장이었다는 점을 강조한 것이다. 이로써 샌더스의 견해를 보완하고자 한다.

던은 샌더스의 『바울과 팔레스타인 유대교』(Paul and Palestinian Judaism)에서 제기된 '언약적 율법주의'(Covenantal Nomism) 개념을 차용한다. 그러나 바울을 이해하는 데 있어서 유대교를 여전히 율법 행위에 머무는(staying in) 종교로 규정하는 샌더스에게 문제가 있다고 지적한다. 던은 샌더스가 말한 대로, 제2성전기 유대교는 '은혜의 종교'였다고 본다. 그러나 바울이 지적한 유대인의 율법 행위는 이방인을 포함하지 않는 유대주의적 편견이었다는 것이다. 이 부분을 바울이 지적한 것이라고 던은 명시한다.

제임스 던은 바울의 칭의론이 단순히 믿음을 통해 구원받는 개인의 경험으로 축소될 수 없다고 주장한다. 즉, 바울의 '이신칭의'는 본질적으로 공동체적이며, 이방인들이 유대인들과 함께 하나님의 백성으로 받아들여지는 과정을 설명한다고 본다.

던은 바울의 칭의론이 개인의 구원에 관한 것이 아니라 공동체적 차원에서 이해되어야 한다고 주장한다. 바울의 신학적 논변은 이방인들이 유대교적 전통을 따르지 않더라도 믿음을 통해 하나님의 언약 백성이 될 수 있다는 점을 강조한 것이며, 이는 이방인들을 유대교의 외곽에 두려는 시도에 대한 강력한 반박이라는 것이다. 이러한 해석은 바울의 칭의론이 단순히 개인적 구원의 문제를 넘어서는 것으로, 유대인과 이방인 사이의 경계를 허물고 공동체를 재구성하려는 노력으로 이해된다.

던의 새관점은 바울신학을 사회적, 공동체적 차원에서 이해할 수 있는 새로운 틀을 제공한다. 이런 던의 주장에 오점이 없는 것은 아니다. 율법의 행위가 단지 유대인이 이방인과 자기들을 구분하는 표지로 사용한 것이라고 했기 때문이다. 그러나 바울은 여전히 이방인에게도 율법적 행위의 강조를 허락하지 않았다. 그가 율법을 이방인과 유대인을 구분하는 표지로 사용했겠는가? 바울이 율법적 행위를 이방인과 유대인을 구분하는 표지로 사용했다는 것은 수긍하기 쉽지 않다. 이런 오점을 톰 라이트는 어떻게 풀어갔을까? 언약신학으로 풀어냈다.

④ **톰 라이트** N. T. Wright, 1948-

『신약성경과 그 세계』 책은 톰 라이트와 마이클 버드가 저술했다. 이 책에서 라이트는 신약성경을 이해하는 데 필수적인 역사적, 사회적, 문화적 배경을 다룬다. 또한 이 책에서 라이트는 '새관점 신학'이 전개되는 출발점을 제공한다.

'새관점'은 바울의 가르침과 신학을 전통적인 루터주의 해석과 다르게 이해하려는 신학적 운동으로, 톰 라이트는 이 흐름의 주요한 기여자 중 한 명이다. 그 내용은 이렇다.

1. **유대교의 맥락에서의 바울 이해:** E. P. 샌더스는 바울을 유대교와 분리해 보려 하였다. 그러나 제임스 던과 톰 라이트는 바울과 유대교가 연속성에 있다고 보았다. 라이트는

바울이 율법을 비판한 것이 아니라 예수 그리스도를 통한 새로운 언약을 강조했던 것이라고 본다. 이는 바울의 율법 이해와 구원론을 새롭게 조명하려는 '새관점'의 접근을 예고한다.

2. **언약적 신학:** 라이트는 『신약성경과 그 세계』 책에서 '언약'의 중요성을 강조한다. 하나님과 이스라엘 간의 관계를 언약적 틀에서 이해하려 한 것이다. 라이트는 "하나님이 이스라엘과 맺은 언약은 단순히 과거의 사건이 아니라 하나님의 의지와 목적이 현재와 미래에 실현되는 방식이다"라고 설명한다. 이러한 시각은 바울의 '의' 개념을 '언약적 의'로 이해하는 라이트의 해석을 기반으로 한다.

3. **'하나님의 의'와 바울의 복음:** 라이트는 바울이 로마서와 갈라디아서에서 언급한 '하나님의 의'가 개인적 구원보다 더 큰 맥락에서 이해되어야 한다고 주장한다. 라이트는 "바울의 '하나님의 의' 개념은 단순히 개인의 구원을 위한 법적 개념이 아니라 하나님의 언약적 신실성과 전우주적 구원 계획의 맥락에서 이해되어야 한다"라고 강조한다. 즉, 이런 '의'는 하나님의 언약적 신실성과 관계된 것이며, 이를 통해 하나님께서 이스라엘을 통해 모든 민족에게 주시

는 구원의 계획을 성취하신다는 것을 의미한다. 특히, 1세기 유대교와 바울은 서로 결별하는 관계가 아니고, 언약적 신학, 하나님의 의, 하나님 나라 등의 주제로 연결되어 있음을 보여준다.

⑤ 존 M. G. 바클레이 John M. G. Barclay, 1958-

『바울과 선물』을 저술한 존 바클레이는 바울과 은혜 신학을 위해 고대 교회로부터 오늘날에 이르기까지 어떤 역사적, 문화 인류학적 흐름이 있었는지를 짚어 주었다. 이를 위해 무엇보다 제2성전기 유대 문헌에서 은혜의 개념이 어떻게 다양화되었는지를 논했다. 그러면서 바울이 사용한 은혜 개념이 무엇인지를 기술했다.

그런데 여기서 놀라운 것은, 바울이 사용한 은혜 개념이 종전과 다른 비상응성과 비순환성이라는 것이다. 즉, '받아야 할 대상이 받는 선물'이 아니며, '돌려줄 수 있는 자가 받는 은혜'가 아니었다는 것이다. 이런 분석은 옛관점과 새관점 모두를 놀라게 했다. 이 해석은 심지어 종교 개혁자들의 해석과 바울에 관심이 있는 현대 철학자들인 자크 데리다(Jacques Derrida, 1930-2004)와 슬라보예 지젝(Slavoj Žižek,

1949)에게도 적잖은 충격을 주었다.

바클레이는 '은혜'를 단순하게 보지 않았다. 세부적으로 여섯 가지 요소(또는 특징)로 다양하게 사용된다고 기술했다.

1. **초충만성:** 은혜가 양적으로 흘러넘친다는 것이다. 하나님의 은혜는 단순히 필요한 만큼 주어지는 것을 넘어 넘치도록 부어지는 특성을 지닌다. 인간의 결핍을 채우고도 남을 만큼 풍성하게 임하는 은혜는 마치 컵을 넘치게 채우는 물처럼 제한 없이 흘러넘친다. 이 초충만한 은혜는 하나님의 무한하신 사랑과 자비의 크기를 반영한다.

2. **단일성:** 은혜가 수여자의 무조건적인 선한 속성만을 나타낸다는 것이다. 은혜의 근거는 오직 수여자, 즉 하나님 자신의 선한 본성에 있다. 수혜자의 상태나 반응, 자격 여부는 고려되지 않는다. 하나님은 은혜를 베푸심에 있어서 외부의 어떤 조건에도 영향을 받지 않으며, 순수하게 자신의 성품과 의지로 은혜를 흘려보내신다. 이것이 은혜의 단일성이다.

3. **우선성:** 수여자의 은혜 행위가 시간상으로 우선적으로 발생한다는 것이다. 하나님의 은혜는 인간의 행위에 대한 응답으로 주어지는 것이 아니라, 인간이 어떤 반응을 하기 전

에 이미 선제적으로 베풀어진다. 인간이 하나님께 나아오기 전, 심지어 죄인 되었을 때조차 하나님은 먼저 손을 내미신다. 은혜는 언제나 '먼저 오시는 사랑'으로 나타난다.

4. 비상응성: 은혜가 수혜자의 자격이나 가치와 상관없이 주어진다는 것이다. 은혜는 받을 만한 사람에게 주어지는 보상이 아니다. 도리어 아무런 자격도 가치도 없는 자에게 조건 없이 부어지는 것이 하나님의 은혜다. 수혜자의 도덕적 상태, 공로, 경건함 등은 은혜의 수여에 아무런 영향을 미치지 못한다. 은혜는 전적으로 '값없이 주어지는 선물'이다.

5. 유효성: 은혜가 수혜자에게 끝까지 효력을 미치는 일종의 주체로서 작동한다는 것이다. 하나님의 은혜는 단지 과거의 한순간에만 머무는 사건이 아니라 그 수혜자의 삶 전체에 실질적인 변화를 가져오는 능력으로 작용한다. 은혜는 수혜자의 삶 속에서 역사하며, 그를 변화시키고, 구원의 여정을 끝까지 이끌어간다. 은혜는 단순한 감정이나 순간적 사건이 아니라 지속적이고 유효한 하나님의 역사다.

6. 비순환성: 은혜가 수혜자에게 아무런 대가를 기대하지 않고 일방적으로 주어진다는 것이다. 은혜는 그 자체로 철저히 무상(無償)이다. 하나님은 은혜를 베푸심에 있어서 어떤

보답이나 보상을 기대하지 않으신다. 인간은 은혜에 대해 '갚을 수 없음'을 인식할 수밖에 없으며, 이는 오히려 감사와 순종으로 이어지는 응답의 자유를 허락한다. 이처럼 은혜는 거래가 아니라 일방적이고 순전한 베풂이다.

한편, 초대교회의 이단자 마르키온은 은혜의 단일성을 극대화하여, 하나님을 자비를 베푸시는 사랑의 하나님으로 보았기에 구약의 하나님을 받아들일 수 없었다.

샌더스 이후의 새관점 학파, 제임스 던과 톰 라이트

심지어 새관점을 신랄하게 비판한 카슨, 개더콜, 에스콜라도 은혜에 관한 다양한 의미를 구분하지 않고 난상토론의 잔치를 열었다. 예를 들어, 던은 유대교와 어거스틴 이래 전통 개신교 안에서의 은혜 이해가 우선성이라는 극대화에서는 동일하지만, 비상응성이라는 부분은 인지하지 못했다. 즉, 새관점은 선물을 받는 자에게 어떤 자격도 가치도 요구되지 않는 비상응성을 간과했다는 것이다.

그랬던 반면, 전통적 옛관점을 고수한 카슨도 어거스틴 전통의 비상응적인 선물은 이해했지만, 은혜, 즉 선물 개념에 다양한 의미가 있는 것은 전부 파악하지 못했다. 게다가 제2성전기 유대교 안에 은혜, 즉 언약적 사상이 흐르고 있던 것을 다 이해하지 못했다.

특별히 바클레이는 율법과 행위를 해석하는 데에서 역사마다, 그리고 신학자마다 달랐음을 지적했다. 바클레이는 로마서를 주해할 때도 하나님의 은혜의 비상응성을 주목했다. 바클레이는 갈라디아서와 로마서 주해를 통해, 은혜의 여섯 가지 요소 중에서 바울 저작에 단일성과 비순환성을 제외한 네 가지(초충만성, 우선성, 유효성, 비상응성)가 나타난다고 했다. 그중 비상응성이 가장 두드러진다고 하였다.

한편, 바클레이가 쓴 『바울과 은혜의 능력』 책은 『바울과 선물』이라는 벽돌 책을 간결하게 만든 것이면서도 바울의 은혜 신학을 좀 더 이해하기 쉽게 풀이한다.

바클레이는 은혜, 즉 '카리스'라는 단어가 세 가지 의미를 가진다고 한다. 첫째, 매력적인 것이나, 주의를 끄는 것, 둘째, 선물, 호의, 혜택을 동반하는 자비로운 태도, 셋째, 고마움을 담아 무언가 돌려주거나 감사를 표하는 행위이다. 그렇기에 바울이 사용하는 은혜를 단편적이고 획일적으로 이해해서는 안 된다고 한다.

바클레이가 보는 E. P. 샌더스, 제임스 던, 톰 라이트의 문제는 무엇일까? 역시 은혜와 선물이라는 개념을 단순하게, 획일적으로 이해하는 경향성이다.

샌더스는 유대교를 '언약적 율법주의'라고 했다. 언약에 들어가기(getting in)는 은혜로 말하고, 머무는 것(staying in)은 율법 준수를 통해 가능하다고 했다. 즉, 은혜의 여섯 가지 요소에서 우선성을 말한 것이다. 이런 고찰은 옛관점에 새로운 해석과 이해의 문을 열어주었다. 그러나 여전히 율법 준수가 언약 안에 머무는 조건이었다.

반면, 던은 율법의 행위들을 일반적인 행위가 아니라고 했다. 모세 율법 중에서도 유대인을 이방인과 구별시켜 주는 것을 할례, 안식일, 음식법이라고 지적했다. 고로, 이런 것들이 유대인과 이방인을 구분 짓는 '경계 표지들'이라고 하였다. 즉, 바울이 유대교의 '행위 구원'을 비판한 것이 아니라, 이방인들을 배제시키는 민족적 배타주의를 경계한 것이라고 말한 것이다. 그러나 이런 해석은 편협하고 제한적인 견해였다.

톰 라이트도 바울이 지적한 것은 '민족적 의'라고 유사하게 인식했다. 하지만 라이트는 던의 해석을 넘어 언약 신학으로 보았다. 바울에게 결정적으로 중요했던 것은 그리스도 안에 있는, 즉 열방을 향한 아브라함 언약의 성취였는데, 이를 통해서 유대인과 이방인이 믿음이라는 공통된 기반 위에서 하나님의 백성 자격을 얻게 되었다고 했다. 따라서 추상적인 용어들로 표현되는 믿음 대(vs) 행위의 대립 관계가 아니라 다인종적으로 구성된 한 가족임을 강조했다. 바울의 은혜, 즉 선물 개념은 민족적 가치와 상관없이 그리스도 안에 있는 하나님의 비상응적인 은혜였다. 고로, 바울은 민족 중심주의에 대한 반감에 이끌렸던 것도 아니고, 은혜를 무조건적인 그리스도의 선물이라고 본 것이었다.

바클레이는 바울을 넓게 보는 것은 좋지만, 2차원적으로만 넓게만 보지 말고 3차원적으로 더 깊게 보아야 한다고 했다. 즉, 바울이 인간, 이스라엘, 회심자들의 삶에 하나님의 은혜가 어떻게 불가능한 것들을 창조하고 개진했는지를 알아야 한다고 했다.

새관점 대표 신학자들의 핵심 요약 정리

지난 반세기 동안 바울신학의 해석 지형을 뒤흔든 새관점 논쟁은 단순한 학문적 논쟁이 아닌 복음과 교회의 정체성 자체를 다시 묻는 신학적 지각변동이었다.

크리스터 스텐달은 바울을 '양심의 고뇌자'로 읽은 전통적 해석에 반기를 들었다. 스텐달은 바울의 회심을 개인적 구원이 아닌 이방인 사명에 대한 소명 사건으로 보았다. 이신칭의는 개인의 내면 문제가 아니라 유대인-이방인 공동체의 재구성이었다는 주장이다.

E. P. 샌더스는 유대교를 '언약적 율법주의'로 정의하며, 유대인은 은혜로 언약에 들어가고, 이를 율법으로 유지한다고 설명했다. 바울의 율법 비판은 유대교 자체가 아닌 예수 그리스도를 통한 구원의 전환점에 대한 종말론적 선언이었다고 했다.

제임스 던은 새관점이라는 용어를 공식화하며, 바울의 이신칭의를 이방인의 포함 선언, 곧 공동체 재편의 신학으로 해석했다. 이에 따르면, 율법의 행위는 공로가 아니라 민족 정체성의 표지였으며, 바울은 이를 넘어서는 새로운 공동체를 선포한 셈이다.

톰 라이트는 바울의 복음을 하나님의 언약적 신실성의 완성으로 보았다. '하나님의 의'는 무죄 선포가 아닌 언약의 성취이며, 칭의는 예수 안에서 이루어진 하나님의 구속 계획의 중심 사건이라는 것이다.

존 바클레이는 '은혜'를 고대 사회의 선물 개념 속에서 분석하며, 바울이 설명한 은혜는 비상응적이고 일방적이라는 점을 강조했다. 그는 기존 학자들이 은혜 개념을 단순화했다고 비판했으며, 바울의 은혜 신학은 자격 없는 자를 향한 창조적 해방 선언임을 밝혔다.

이렇게 스텐달이 문제를 제기하고, 샌더스가 틀을 잡고, 던이 구조를 세우고, 라이트가 확장하며, 바클레이가 심화한 새관점은 바울을 더 이상 '죄책의 사도'가 아니라 하나님의 은혜와 공동체를 재해석한 묵시의 선포자로 그려냈다.

복음, 율법, 칭의, 은혜, 공동체, 언약, 종말에 이르기까지, 새관점은 여전히 신학과 교회의 핵심을 다시 묻는다.

06
여섯 명의 반대와 신학

① 박영돈

박영돈은 『톰 라이트 칭의를 다시 읽기』를 썼다. 이 책은 크게 세 부분으로 구성되어 있다. 새관점 학파의 개관, 톰 라이트의 칭의론 성경주해, 개혁주의 입장에서의 바울의 칭의론 등이다. 박영돈이 정리한 새관점과 톰 라이트의 주장은 무엇이고, 특히 라이트의 칭의론에서 비판받는 요소는 무엇인지 알아보자.

새관점 내에도 다양한 형태의 목소리가 있다. 샌더스를 필두로, 제임스 던, 톰 라이트가 주장하는 바는 전부 조금씩 다르다. 이제는 새관점에 새 새관점이 나오는 상황이다. 이런 새관점의 공통 분모는 무엇인가? 공통 부분은 종교개혁 혹은 루터파 신학에서 이해해온 바울신학이 '옛관점'에서 벗어나야 한다고 주장하는 것이다.

샌더스는 1세기 문헌 연구를 통해, 바울에게 유대교는 '율법주의' 종교가 아니라 '언약적 율법주의'(Covenantal Nomism)로서의 연속성 위에 있는 것이었다고 재해석했다. 따라서 샌더스에게 유대인의 율법 준수는 '언약 백성이 되기 위한 것'(getting in)이 아니라 단지 언약 백성의 신분을 '유지하기 위한'(staying in) 수단일 뿐이다. 던은 바울이 반대한 것이 '행위-의'를 추구하는 율법주의가 아니라 유대인의 '민족적 배타주의'라고 보았다.

그러나 톰 라이트는 던의 이런 '율법의 행위와 칭의' 내용에 만족하지 않는다. 라이트는 샌더스와 던의 관점을 기초로 하여 자신의 신학을 세운다. 기존의 새관점을 보완하며, 더 진보하여 언약 관점에서 바울의 칭의론을 해석한다. 여전히 옛관점의 전가 교리를 거부하고, 이중 칭의를 주장한다. 라이트는 현재적 '칭의의 방편'을 '믿음'이라고 말한다.

이런 진술에 대해 박영돈은 이런 질문을 던진다. "그러면 최종 칭의의 방편은 무엇인가?" 라이트는 '최종 판결'이 믿는 자의 모든 '행위'에 근거하여 내려지는 것이라고 한다. 그렇다면 현재적 칭의와 미래적 칭의는 일치할까? 박영돈은 바로 이 부분을 더 생각하도록 한다. 결국 이런 칭의는 인간의 행위에 의해 완성된다는 오류로 치닫게 된다고 지적한 것이다. 사실 라이트는 '이신칭의'가 아니라 '행위칭의'를 강조한다.

박영돈이 톰 라이트의 칭의론에서 비판하는 요소들은 다음과 같다.

1. **전통적 전가 개념 불인정 비판:** 라이트가 전통적인 '전가'(imputation) 개념을 인정하지 않는다는 점을 비판한다.
2. **이중 칭의의 문제 비판:** 라이트는 '이미, 그러나, 아직 아님'이라는 구도로 설명하는 듯하다. 그러나 '믿음에 근거한' 현재적 칭의와 '전체 삶에 근거한' 최종(미래적) 칭의라는 주장은 반펠라기우스주의라는 비판을 피하기 어렵다.
3. **새관점의 칭의론 비판:** 라이트가 성경 자체의 증언보다 1세기의 랍비 문헌들에 경도되어 유대교를 언약적 율법주

의로 규정하는 것은 큰 오류다. 라이트가 모든 것을 고집스럽게 '하나님의 언약적 신실성'이라는 틀에 적용하다 보니 '개인 구원론의 약화', '칭의의 법정적 측면의 재구성', '최종 칭의'라는 반펠라기우스적으로 흐른다.

그렇다면, 성경이 증거하는 바울의 칭의론은 무엇인가? 바울이 전한 칭의의 복음은 개인 구원에만 국한되지 않는다. 예수 그리스도 안에서 온 세상을 하나님과 회복시키고, 죄로 오염된 온 우주를 갱신하여 다스리시는 하나님 나라를 포괄하는 것이다.

② 최갑종

최갑종은 『칭의란 무엇인가』 책의 서문에서 밝혀주듯 구원파적인 칭의도 문제이지만, 행위를 통해 구원을 이룬다는 새관점 학파의 신학도 문제라고 본다. 특히 김세윤 박사의 칭의와 성화 신학도 새관점과 가톨릭적 신학과 별반 다르지 않다고 기술한다. 그는 옛관점과 새관점이 다음 세 가지 측면에서 서로 다른 해석을 한다고 말한다.

1. 칭의와 성화의 관계: 전통적으로 칭의와 성화는 서로 밀접한 관계를 맺고 있지만, 칭의는 반드시 성화와 구분되는 것

으로 이해한다. 그러나 새관점은 칭의의 효력이 최후 심판 때까지 유지되지 않는다고 본다. 신자에게 주어지는 칭의는 단회적이고 확정적인 것이 아니라고 보는 것이다. 새관점은 칭의가 단회적이라는 구원파적 칭의가 아니라, 마지막까지 긴장을 놓지 않은 자가 행함의 성화를 통해 칭의를 유지한다고 말한다.

2. **전가의 교리:** 하나님은 예수님을 믿는 자가 죄인임에도 불구하고 (십자가 희생의 전가를 통해) 법정적으로는 의롭다고 보신다는 것이 전통적 관점이다. 그러나 새관점은 전가를 비성경적인 것으로 본다. 단순한 전가가 아니라, 그리스도와의 연합 교리로 대체되어야 한다고 말한다.

3. **칭의와 행위 심판의 연관성:** 칭의가 현재는 물론 최후 심판 때에도 똑같이 유효하다고 보는 것이 전통적 관점이다. 그러나 새관점은 한번의 칭의가 영원하지 않다고 본다. 성도의 칭의는 성령님을 통해 살아온 신자의 전 생애, 즉 성화의 결과에 좌우된다는 것이다. 새관점은 신자가 칭의를 잃어버릴 수도 있다고 보는 것이다. 이런 새관점의 칭의와 성화에 대한 관점이 중세의 가톨릭적 신학과 유사하다고 최갑종은 지적한다.

③ 존 파이퍼

존 파이퍼는 『칭의 논쟁』 책에서 톰 라이트가 주장하는 내용 중에서 위험스럽고 받아들이기 힘든 부분을 다음 몇 가지로 정리하여 지적한다.

1. **공동체적 칭의 강조:** 라이트가 1세기의 칭의 교리는 "사람이 어떻게 하나님과의 관계를 수립하는가"에 대한 것이 아니라고 한 점을 지적한다. 라이트는 개인적 칭의보다 공동체적 칭의를 말했다. 그의 칭의 교리는 하나님의 종말론적 정의, 즉, 현재와 미래에서 누가 실제로 하나님 나라 백성의 구성원인지에 대한 것이다.

2. **전가 교리 부인:** 라이트가 바울신학에서 죄인들을 향한 '하나님의 의의 전가'의 자리는 전혀 없다고 본 점을 파이퍼는 지적한다. 사실 라이트는 이렇게 전가 교리를 부인하지만, 칭의가 온전한 성화를 통해 이루어진다고 말할 때, 이를 보증하는 것이 성령 하나님이라고 말한다. 그렇다면 전가 교리와 어떤 차이가 있을까? 전가 교리나 라이트의 관점이나, 둘 다 인간 스스로의 구원, 즉 칭의와 성화를 이룰 수 없다는 것인데 말이다.

3. **칭의의 왜곡:** 라이트가 결국 칭의의 미래는 행위에 기초하

고 있음을 진술한 점이다. 현재적 칭의는 믿음에 기초하여 선언되는 것으로, (미래에) 공개적으로 선포될, 삶 전체에 기초한 것으로서의 '미래적 칭의'를 현재에 선언하는 것이라고 하였다. 그러나 파이퍼는 마지막 날에 그리스도를 믿는 믿음에 필요한 증거가 우리의 선행이라고 주장하는 라이트의 주장이 칭의를 왜곡하는 것이라고 비판한다.

4. **새관점 주장의 답습**: 라이트가 그 당시의 바울이 교회들 내부에서 대면하고 있던 것은 '율법적인 행위의 의'가 아니었다고 말한 점이다. 이는 E. P. 샌더스와 제임스 던의 새관점을 충실히 따른 것이다. 파이퍼는 샌더스가 주장한 바울 신학 새관점의 근본적인 주장을 라이트가 그대로 답습하고 있다고 지적한다.

5. **하나님의 의에 대한 이해**: 라이트가 '하나님의 의'를 '언약의 신실성'으로 이해한 점이다. 라이트는 하나님의 의의 국면이 '죄에 대한 하나님의 합당한 조치, 즉 형벌'이고, 모든 본문에 나타난 하나님의 '의'가 언약적 신실하심을 지칭하는 것이라고 말한다.

존 파이퍼는 라이트가 말하는 '언약'이 아브라함 언약에만 치우쳐 있고, 그 외의 언약들에 대해서는 거의 무지하거나,

또는 고의로 무시하고 있다고 지적한다. 게다가 파이퍼는 라이트가 성경에 나타난 언약들을 명료하게 구분한 적이 없다고 비판한다. 파이퍼는 톰 라이트가 칭의에 대해서는, 그리고 무엇보다 율법적 행위에 대해서는 모호한 부분이 많아 혼란에 빠트리는 경우가 많다고 지적한다.

④ 이승구

이승구는 『톰 라이트에 대한 개혁신학적 반응』 책에 톰 라이트가 기여한 부분과 그에 대해 우려할 점을 동시에 담았다. 톰 라이트의 생각을 구체적으로 논하기 전에, 그가 누구이며 어떤 인물인지를 서론 부분에서 자세히 다루었다. 한두 줄이 아니고 무려 10페이지가량이나 톰 라이트를 소개하면서, 그가 현존하는 영국 신학자들 가운데 가장 영향력 있고 논란의 중심이 되기도 한 인물임을 명시하였다.

우선, 이승구는 **톰 라이트의 신학적 기여**에 대해서는 뭐라고 했을까?

첫째, 라이트가 성경을 신뢰하는 입장은 분명히 했다는 점이다. 라이트는 성경을 어느 정도 신뢰하고 있고, 그런 태도를 가지고 신학을 한 것이라고 이승구는 기술했다. 다만 뒤에서 우려할 점 가운데 하나를 말했다. 성경의 무오성보다 고등 비평과 역사적 방법론으로 성경을 보았고, 전통적인 성경관으로 성경을 보지 않음을 지적했다. 그러나 라이트가 그나마 나름 자유주의 신학자들보다 건전하게 성경을 대하는 것에는 박수를 보냈다.

둘째, 라이트가 성경의 역사성을 믿을 수 있는 토대를 마련했다는 점이다. 이승구는 라이트가 성경의 역사성을 상당히 인정하며 신학을 개진하는 것에 대해서는 인정하였다.

셋째, 라이트가 구원에서 하나님의 주도권을 잘 드러냈다는 점이다. 라이트는 구원에서 하나님의 주도권, 특히 '신앙 자체가 성령님의 부르심의 첫 열매'이며, 인간 스스로의 힘으로 신앙을 가지는 것이 아님을 명시했다.

넷째, 라이트가 기독교를 공적 진리로 선포했다는 점이다.

다섯째, 라이트가 세계관적 신학을 하려고 했다는 점이다. 라이트는 신학 방법론 논의에서 기독교 신학을 기독교 세계관으로 제시했다.

여섯째, 라이트가 성경신학적 작업을 할 때, 신약과 구약을 항상 연관시키며 이해하도록 했다는 점이다. 라이트는 성경신학자로서, 신약을 연구할 때 구약적 배경을 확인했다.

일곱째, 라이트가 신약성경적인 하나님 나라 이해에 근거한 신학을 잘 제시했다는 점이다. 라이트는 예수 그리스도로 말미암아 언약이 어떤 정황에 들어섰는지를 누구보다 분명히 했다.

여덟째, 라이트가 교회를 위한 신학을 하려고 했다는 점이다. 라이트는 성경이 말하는 대로 교회를 이해하면서 교회를 섬기려 했다.

아홉째, 시대 적정성이다. 라이트가 지금의 시대를 정확히 파악하고, 그 안에서 적절한 신학을 하려고 했다는 점이다. 라이트는 서구 문화가 현대주의로부터 후현대주의로, 계몽주의적 이원론으로부터 '뉴에이지'적 범신론으로, 실존주의로부터 새로운 형태의 이교주의로 이행하며 변화하고 있다고 했다. 이런 상황 가운데에서 가능한 모든 방향을 바라보며 기독교의 정체성을 잘 드러내려 했다고 이승구는 인정했다. 기독교가 왜 범신론과 만유재신론으로 전락해서는 안 되는지를 톰 라이트가 잘 제시했다고 보았다.

이번에는 이승구가 **톰 라이트에게서 우려할 점**은 무엇이라고 했는지 알아보자.

첫째, 칭의에 관해 문제가 있다는 점이다. 라이트가 샌더스와 던의 주장에 전부 동의하는 것은 아니지만, 율법의 행위가 전통적 공로, 즉 자력 구원이 아니라 유대인과 이방인을 구분하는 표지임은 인정했다. 그러나 라이트는 '하나님의 의'를 '하나님 자신의 약속, 언약에 대한 하나님의 신실하심'이라고 정의했다. 이 부분에 대해 이승구는 아쉽다고 했다. 칭의에 대하여 행위에 근거한 미래적 심판과의 관계를 설정한 것에는 특별히 유감을 표명했다. 라이트의 이런 식의 칭의는 반펠라기우스적이라고 명시했다.

둘째, 성경 해석에 문제가 있다는 점이다. 라이트는 자신의 독특한 성경 해석을 유일하게 바른 성경 해석으로 주장했다고 이승구는 지적했다. 예를 들어 탕자 비유를 '포로기에서 회복을 겪는 이스라엘에 관한 이야기'라고 해석하는 것이다. '하나님의 놀라운 사랑 때문에 다시 돌아오게 되는 스토리'로 해석하는 것은 합당하지 않다.

셋째, 라이트의 방법론은 세계관 분석 방법론이며, 동시에 비판적 실재론에 근거한다. 그가 제시한 '세계관 변화적 접근'은 토마스 쿤이 제창한 과학 혁명과 패러다임 전환의 개념을 염두에 둔 것이다. 그러나 이승구는 이러한 방법론의 수용에 대해 우려를 표하며, 신학적 토대의 불안정성을 지적하였다.

톰 라이트는 역사적 방법론을 추구하는데, 이를 '현대 기독교적 문예적, 역사적, 신학적 프로젝트'라고 했다. 이승구는 톰 라이트가 고등 비평도 받아들이면서 비평적(비판적) 신학 방법을 사용하는 것을 우려했다. 라이트는 비판적 실재론을 좀 더 균형잡힌 인식론이라고 본다. 하지만 이승구는 이런 방법론은 톰 토랜스, 앤드류 루뜨, 콜린 건톤, 안토니 띠슬톤이 사용하는 것으로, 라이트는 논리 실증주의와 주관주의적 입장을 고수하고 있었다고 했다.

톰 라이트는 이렇게 주장했다. "인식자와 독립해 있다고 주장되는 실재들에 관한 지식은 결코 인식자에 대해 독립적으로 있는 것이 아니라고 단언하기에 이른다." 즉, 우리 밖에 있는 실재들에 대한 지식이 모두 우리가 가진 '세계관의 틀 안에서 발생하는 것'이라고 말하는 것이었다.

여기서 '비판적 실재론'(Critical Realism)을 정리하고 넘어가자. 비판적 실재론은 실재론과 인식론의 경계를 탐구하는 것이다. 특히, 신학과 과학에서 실재와 인식의 관계를 깊이 있게 다루는 철학적 입장이다. 이 이론은 실재가 존재함을 인정하되, 인간이 그 실재를 인식하는 방식에는 제한이 있다는 점을 강조한다. 즉, 인간의 인식이 실재의 온전한 모습을 담아내기 어렵다는 점에서 비판적이다. 이런 비판적 실재론은 하나님의 계시나 성경의 진리와 같은 객관적 실재가 존재하지만, 그 실재에 대한 인간의 접근이 본질적으로 제한적임을 강조한다. 비판적 실재론은 과학적 탐구의 방법론적 중요성을 인정하지만, 그 결과가 절대적 진리라고 주장하지 않는다. 이는 신학적 맥락에서도 마찬가지다. 신학적 논의에서 비판적 실재론은 성경 해석이나 신앙 경험이 객관적 실재를 반영하지만, 그 해석은 본질적으로 불완전하고, 상황에 따라 재해석될 수 있다고 본다.

톰 라이트는 과학과 신학의 상호작용을 설명하면서, "과학과 신학은 둘 다 실재를 탐구하는데, 그 과정은 필연적으로 해석적이다. 이는 우리 인식의 제한성 때문이다"라고 말한다. 그는 비판적 실재론을 통해 성경 해석에서의 유연성과 해석적 겸손을 강조하면서 이렇게 말한다. "하나님의 진리는 절대적 실재로 존재하지만, 그 진리를 해석하는 과정에서 우리는 늘 한계를 가진다. 우리는 그 진리를 완전히 설명할 수 없으며, 이는 우리의 인식적 한계 때문이다." 즉, 과학이 자연 현상을 설명하는 데 있어서 제한된 방식으로 접근하듯, 신학 역시 인간 언어와 사유의 틀 안에서만 실재에 접근할 수 있음을 말한 것이다.

이런 비판적 실재론은 신학적 대화에서 중요한 역할을 하는 이유이며, 신앙 공동체 내에서 해석적 다양성을 수용하는 논리적 근거가 된다. 그래서인지 톰 라이트의 신학은 전통적 해석보다 다양한 해석, 특히 자신이 주장하는 해석에 상당히 유연하게 전개되도록 한다.

⑤ 가이 워터스와 게리 존슨

『칭의 교리에 대한 도전에 답하다』 책의 공동 편집자 가이 워터스와 게리 존슨은 새관점의 칭의에 우려를 표한다. 가이 워터스와 게리 존슨을 비롯한 12명의 개혁주의 신학자들은 칭의에 있어서는 옛관점을 지지한다.

16세기에 등장한 종교 개혁가 이후, '칭의 교리'는 교회를 지탱하는 주요 교리로 자리 잡아 왔다. 그러나 17세기 이후의 고등 비평, 역사적 예수 연구, 그리고 새관점 학파를 통해 전통적인 이신칭의 교리가 흔들리고 있다. 이 때문에 21세기의 많은 교회들은 이신칭의 교리를 예전처럼 견지하지 못하고 있다. 그래서 개혁주의 신학자들은 새로운 관점들을 제공한 자들의 목소리에 사로잡혀 포로가 된 교회와 성도들을 구속하려 한다.

『칭의 교리에 대한 도전에 답하다』 책의 공저자들은 이신칭의 교리에 성경적인 관점을 다시 제공하고, '솔라 피데', 즉 '오직 믿음으로'의 신학과 신앙을 고수하는 데 주력했다. 이 책에서 코넬리스 베네마는 "사도 바울은 진실로 무엇을 말했나"라는 질문을 통해 그 의미와 의도를 파악하려고 한다. 이를 위해 새관점의 대가인 톰 라이트와 바울에 관한 그의 새 관점을 살펴본다. 그러면서 E. P. 샌더스와 제임스 던을 넘어 톰 라이트가 개진한 신학, 즉 아브라함으로부터 끌어온 언약신학의 문제점을 들추어낸다. 그리고 칭의에 있어서 과거, 현재, 미래를 말하고, 이중적 칭의, 즉 마지막 종말에 행위로 판결을 받는다는 새관점 구원론의 위험성을 논한다. 행위에 근거한 최후의 칭의를 과연 누가 받을 수 있을까?

코넬리스 베네마는 페더럴 비전(Federal Vision)의 문제점도 지적한다. 페더럴 비전은 칭의와 성화의 구별을 약화시키거나 두 개념을 지나치게 연계하는 경향이 있다. 전통적 개혁주의 신학에서 칭의는 믿음으로 말미암아 그리스도의 의를 전가받는 것을 의미하고, 성화는 칭의 이후의 결과로 나타나는 과정으로 본다. 그러나 페더럴 비전은 믿음과 행위를 결합하여, 칭의의 과정에 행위가 기여할 수 있다고 주장한다. 특히 세례와 성례를 통해 칭의와 성화를 강하게 연결짓는다. 이로 인해 그리스도인의 구원에 행위가 개입하는 것처럼 보일 위험이 존재한다.

데이비드 고든은 '톰 라이트의 성경 신학에 대한 관찰들'을 썼다. 고든은 톰 라이트가 신약을 아담의 저주 속에 끼워진 구속적 약속에 관한 성취로서가 아니라, 아브라함에게 주어진 약속들에 관한 성취로 이해하는 부분을 지적한다. 또한 원수들의 패배에 대해 톰 라이트가 사용한 말이 하나님의 진노를 승리자 그리스도가 그분의 죽음과 부활로 비껴가게 된 심각한 위협으로 설명하고 있지 않음을 드러낸다. 즉, 톰 라이트는 예수님의 죽음이 죄와 사망의 왕 노릇함을 멈추게 하는 것임을 강조하지 않는 것이다. 고로, 톰 라이트는 칭의를 법정적으로 보지 않고, '하나님의 의'를 오해하고 있다고 고든은 지적한다.

사실 톰 라이트는 예수 그리스도를 메시아로 기술하고 강조하며, 언약 신학적 측면으로 줄곧 끌고 간다. 이스라엘이 유배되었고, 초대교회 때도 유배돼 있었다고 한다. 그래서 예수님을 메시아로, 유배된 이스라엘을 언약 신학적으로 풀어준 존재로 본다. 라이트는 이런 해석으로, 바울의 칭의를 언약 신학 가운데에서 그 백성과 이방인을 유배에서 자유하게 한 것으로 본다. 그러나 개혁주의 신학자들은 바울이 말한 '하나님의 의'는 법정적 칭의로, 개인 구원을 말한 것임을 놓쳐서는 안 된다고 한다.

리처드 필립스는 '전가된 의에 대한 칭의'를 말하는데, '전가된 의'는 새관점에서 논할 수 없는 주제이다. 핏즈시몬즈 앨리슨도 '그리스도인의 구원에 대한 근본적인 용어, 즉 전가'에 관해 기술한다.

데이비드 고든은 '오번 신학에 대한 숙고들'을 다룬다. 오번 신학(Auburn Theology)이란 19세기 후반 미국에서 등장한 신학적 경향으로, 당시 기독교의 신앙과 사회적 실천 사이의 관계를 강조하는 특징을 지닌다. 이 용어는 1837년 뉴욕의 오번 신학교(Auburn Theological Seminary)에서 시작된 신학적 논쟁과 관련이 있다. 오번 신학교는 당시 미국 장로교 내부에서 '구파'(Old School)와 '신파'(New School)로 불리던 두 개의 주요 분파 중 신파의 입장을 대변했다. 따라서 오번 신학은 신파의 관점을 반영한 것이다.

새관점 반대 신학자들의 핵심 요약 정리

바울신학 해석을 둘러싼 논쟁이 계속되는 가운데, 새관점에 대해 개혁주의 진영의 신학자들이 잇따라 반론을 제기하였다. 특히 톰 라이트의 칭의론에 대해서는 종교개혁 이후 교회가 붙들어온 '이신칭의' 교리에 본질적인 도전을 가하고 있다는 비판이 제기된다.

박영돈은 새관점 학파 전반과 톰 라이트의 신학을 다층적으로 분석했다. 박영돈은 새관점이 루터파 신학이 이해한 바울을 '옛관점'이라고 비판하며, 이를 탈피하려는 시도 자체가 성경적 균형을 잃게 된다고 지적했다. 특히 라이트의 '이중 칭의'(현재는 믿음, 미래는 행위에 따라 판단한다)는 행위 구원에 가까운 오류로 귀결된다고 경고했다. 그는 "최종 칭의의 기준이 행위라면, 현재의 칭의와 어떻게 일치할 수 있는가"라는 핵심 질문을 제시하며, 라이트의 신학이 결국 '행위 칭의'로 흐를 수 있음을 밝혔다.

최갑종은 새관점 신학의 구조적 문제를 지적했다. 최갑종은 새관점이 칭의와 성화의 경계를 허물고 있으며, 칭의의 단회성과 법정성을 부정하고 있다고 평가했다. 특히 김세윤 박사의 칭의론과 성화론이 새관점과 가톨릭 신학의 연장

선에 있다고 분석했다. 그는 "칭의가 유지되려면 행위가 필요하다는 논리는 결국 구원파의 반대 극단에서 같은 오류를 범한다"라고 강조했다.

존 파이퍼는 톰 라이트의 해석이 복음의 핵심을 흐리고 있다고 비판했다. 라이트는 칭의를 개인 구원보다 공동체적 정체성에 집중시키며, '하나님의 의'를 언약의 신실성으로만 축소시킨다. 파이퍼는 라이트의 이러한 정의가 하나님의 죄에 대한 심판적 의로움과 충돌한다고 본다. 그는 "라이트의 논리는 결국 마지막 심판에서 인간의 행위가 결정적인 기준이 된다는 입장을 견지하게 된다"며, 복음의 은혜성과 전가 교리의 부정을 동시에 비판했다.

이승구는 『톰 라이트에 대한 개혁신학적 반응』에서 라이트의 긍정적 기여를 인정하면서도, 중요한 비판점을 함께 제시했다. 이승구는 라이트가 성경의 역사성과 공공성을 회복하려 한 시도는 주목할 만하지만, 동시에 칭의를 행위와 연계시키고, 성경 해석에 고등비평과 비판적 실재론을 도입한 점은 우려된다고 말했다. 특히 '하나님의 의'를 단지 언약적 신실성으로 제한하고, 성경 해석에서 자신만의 해석의 틀을 유일한 기준처럼 제시하는 태도는 학문적 균형을 해친다고 평가했다.

가이 프렌티스 워터스와 게리 존슨은 새관점의 칭의론이 16세기 종교개혁의 핵심 유산인 '솔라 피데'(오직 믿음)를 뒤흔들고 있다고 지적했다. 톰 라이트의 구원론은 아브라함 언약 중심의 이중 칭의 구도로 전개되며, 종말론적 심판에서의 행위 의존은 정통적 개혁 신학과는 대립된다는 것이 이들의 주장이다. 또한 오번 신학이나 페더럴 비전과 같은 신학들은 칭의와 성화의 경계를 모호하게 하여 행위 중심의 구원관으로 이끌 위험이 있다고 경계했다.

고로, 다섯 학자의 공통된 메시지는 분명하다. 새관점, 특히 톰 라이트의 칭의론은 전통적 이신칭의 교리의 핵심을 흐리며, 행위 중심의 종말론적 심판관으로 기울고 있다는 지적이다. 이와 같이 새관점 학자들을 비판하는 개혁주의 신학자들은 복음의 본질을 왜곡하지 않기 위해 바울신학에 대한 전통적 해석을 재확인하고, 성경의 전가 교리와 법정적 칭의 이해를 회복해야 한다고 주장한다.

3부

바울이 정말 전하려 한 것은 무엇인가?

New Perspectives
Debate on Paul

07
바울에 관한
다섯 가지 관점

† 스캇 맥나이트와 B. J. 오로페자는 『바울에 관한 다섯 가지 관점』 책에 샌더스 이후 바울신학의 여러 주요 흐름을 담았다. 이 책은 정말 보물과 같다. 바울신학에 관해 각 관점의 신학적 뿌리와 논리적 구조를 철저히 이해하도록 돕는 훌륭한 책이다. 이 책이 설명하는 바울에 관한 다섯 가지 관점을 각각 살펴보자.

① **브랜트 피트리**는 로마 가톨릭 교회가 전통적으로 견지해온 '칭의론'에 대한 성경적 분석을 통해, 개신교 독자들이 이해하기 어려운 가톨릭 신학의 뉘앙스와 구조를 섬세하게 설명한다. 피트리는 특히 가톨릭의 칭의론이 단순한 법적 선언을 넘어 성도의 삶 속에서 실제적이고 지속적인 변화와 성화를 포함하는 과정임을 강조한다. 샌더스가 주장한 유대교의 율법적 언약 관계 속에서 '은혜에 의한 구원'이라는 개념은 가톨릭의 '은총' 중심의 구원 이해와 지점을 교차한다.

② A. **앤드루 다스**는 단순히 기존의 전통적 개신교적 관점에 머무르지 않고, 샌더스 이후 유대교적 배경 연구에 영향을 받아 변형된 '전통 개신교'의 바울 해석을 정교하게 설명한다. 다스는 특히 율법과 은혜에 대한 개신교의 전통적 해석이 샌더스의 연구 이후 어떻게 변화했는지에 주목한다. 개신교의 바울 이해도 율법을 단순한 행위적 의로부터 구별한다. 바울이 실제로 비판했던 것은 유대교의 율법 자체가 아닌 율법의 오용임을 드러낸 것이라고 한다. 다스는 이러한 접근을 통해 개신교의 칭의론이 샌더스 이후 더욱 정교하게 발전할 수 있는 가능성을 제시하며, 새관점이 전통적 개신교 신학에 기여할 수 있는 측면을 말한다.

③ **제임스 D. G. 던**은 자신의 마지막 아티클에서, 누가와 바울의 신학적 관계를 중심으로 바울에 대한 '새관점'을 다각도로 분석하며 조명한다. 던은 바울이 1세기 유대교적 전통을 존중하면서도, 복음이 유대인뿐만 아니라 이방인들에게도 확장되도록 하는 혁신적 해석을 추구했다는 점을 강조한다. 던은 바울의 신학이 단순히 유대교의 관습을 폐기하거나 반대하는 것이 아니라, 오히려 이방인을 포함한 새로운 언약 공동체를 형성하려는 노력 속에서 유대교적 전통을 창조적으로 재구성했다고 주장한다.

던은 바울이 율법을 엄격한 규칙으로 간주한 것이라기보다, 구원에 있어서 하나의 제한적 역할로 간주한 것을 강조한다. 이방인들이 율법을 반드시 지켜야 하는 것은 아니지만, 그리스도 안에서 새롭게 주어진 자유 속에서 하나님의 정의와 사랑을 실천해야 한다고 바울이 믿었다고 던은 말한다. 즉, 던은 바울이 율법을 완전히 폐기하거나 단순히 비판하는 것이 아니라, 구속의 필요성을 넘어 구원의 보편성을 이끌어내려 했음을 주장한다.

④ **망누스 세테르홀름**은 '유대교 내부의 바울 관점'을 심도 있게 다루며, 바울이 유대교 전통 안에서 자신의 신학적

입장을 어떻게 형성하고 확장했는지를 면밀히 분석한다. 세테르홀름은 바울이 단순히 유대교의 관습을 거부하거나 초월하려는 인물이 아니라 오히려 1세기 유대교 내부의 정체성을 유지하면서도 복음을 전하고자 했던 사람이라며, 바울의 복잡한 신학적 여정을 그려낸다.

세테르홀름은 방대한 1차 및 2차 문헌을 분석하여 바울의 사상에 나타난 유대교적 뿌리와의 연관성을 깊이 있게 설명한다. 세테르홀름은 바울이 율법과 언약을 바라보는 시각에서 유대교의 근본 가치를 여전히 존중하고 있었음을 말한다. 세테르홀름은 바울의 이방인 선교가 유대교 내부의 논쟁을 불러일으켰던 맥락을 분석하며, 바울의 신학적 주장이 단순히 유대교를 넘어서는 것이 아니라 유대교적 전통과 긴밀히 맞물려 있음을 밝힌다. 세테르홀름은 이로써 바울이 유대교와의 끊임없는 긴장과 대화 속에서 그의 사역을 어떻게 발전시켜 나갔는지를 드러내며, 바울의 사역이 당시 유대교와 어떻게 상호작용을 했는지를 입체적으로 조명한다.

⑤ **존 M. G. 바클레이**는 그의 저서 『바울과 선물』에서 바울이 구원론적 개념으로 제시한 '은혜'를 '선물'이라는 핵심 틀로 간결하게 요약하며, 이를 통해 바울신학의 중요한 구

조를 분석한다. 앞서 말했듯, 바클레이는 특히 바울이 '은혜'를 단순히 조건 없는 행위나 호의로만 보지 않았다고 본다. 즉, 은혜를 무조건적이면서도, 수혜자에게 책임과 반응을 요구하는 선물로서 이해했음을 강조한다. 은혜는 바울 공동체 안에서 수혜자들에게 복종, 헌신, 상호적인 책임을 창출하는 도덕적이고 사회적인 요구를 수반하며, 그로 인해 공동체 구성원들 간의 윤리적 삶이 형성된다고 본다.

바클레이는 바울이 이해한 은혜의 무조건성이 무엇을 의미하는지를 명확히 하고, 은혜가 수혜자들에게 미치는 실제적 영향과 의무를 구체적으로 설명한다. 더 나아가, 바클레이는 은혜를 받은 자들이 그 은혜에 따라 어떻게 행동해야 하는지에 대한 바울의 기대를 설명한다. 바울 공동체에서 은혜는 단순한 이론적 신학 개념이 아니라, 실제적인 공동체 윤리와 관계로 구현된다.

이상의 각 관점에서, 다음과 같은 내용들이 구체적으로 명확하게 전달된다.

첫째, 브랜트 피트리의 가톨릭적 칭의론 설명에서는 전통적인 개신교와 가톨릭 신학 간의 차이점을 명확히 구분하고 있으며, 가톨릭의 구원론을 이해하는 데 필요한 핵심 요소를 효과적으로 다룬다. 또한 샌더스의 '언약적 율법주의' 개념과의 연관성도 잘 드러내고 있다.

둘째, A. 앤드루 다스의 '전통 개신교적 바울 해석'은 샌더스의 연구 이후 개신교 전통이 어떻게 바뀌었는지를 설명하는 데에 집중하고 있으며, 개신교 전통의 바울신학이 율법의 역할을 새롭게 이해하게 된 과정을 잘 정리한다.

셋째, 제임스 D. G. 던은 새관점의 주요 학자로, 바울이 유대교적 전통을 존중하면서도 새로운 언약 공동체를 형성하려 했다는 점을 강조한다. 던의 분석은 바울의 이중적 정체성을 잘 드러내고 있다.

넷째, 망누스 세테르홀름의 관점은 '유대교 내부에서의 바울의 위치'에 대한 논의로, 바울이 유대교적 뿌리를 가지고 있으면서도 이방인을 포용하려 했던 복잡한 신학적 여정을 잘 설명한다.

다섯째, 존 M. G. 바클레이는 바울의 구원론에서 '은혜'를 '선물'이라는 개념으로 요약하며, 은혜가 단순한 무조건적 선물 이상의 의미를 가지고 있음을 보여준다.

08
칭의 논쟁의 다섯 가지 주장

✝ ① **전통적 개혁주의 관점:** 마이클 호튼(Michael Horton)은 종교개혁 전통에 입각한 칭의론을 옹호하며, 오직 은혜와 오직 믿음에 의한 법정적 칭의(Juridical Justification)를 강조한다. 하나님의 은혜로 예수 그리스도를 통한 의의 전가가 이루어진다고 주장하며, 칭의는 인간의 행위와 율법 준수가 아닌 하나님의 일방적 은혜로 이루어진다고 본다. 그러나 호튼의 법적 접근은 하나님과 인간의 관계를 지나치게

법정적이고 추상적으로 다룬다는 비판을 받는다. 가톨릭과 동방정교회는 칭의와 성화의 연속성을 강조하며, 호튼의 관점이 성화의 중요성을 간과한다고 본다.

② **새관점:** 제임스 던은 바울의 칭의론을 유대교적 맥락에서 해석하며, 칭의를 유대인과 이방인의 구별을 없애는 공동체적 선언으로 본다. 율법의 목적은 이스라엘의 정체성을 지키는 것이었으며, 바울은 예수 그리스도의 사역이 율법의 종말과 구원의 보편성을 선언한다고 해석한다. 하지만 던의 해석은 바울의 신학을 공동체적 측면에 한정시켜 개인의 죄와 구원의 문제를 축소한다는 비판을 받는다. 전통적 입장은 바울이 인간과 하나님 사이의 죄의 문제를 중심으로 논의했다고 본다.

③ **중도적 입장:** 마이클 버드(Michael F. Bird)는 전통적 칭의론과 새관점의 강점을 조화시키려 하며, 칭의를 개인적 구원과 공동체적 구원을 포함하는 포괄적 개념으로 본다. 칭의는 법정적 선언이지만, 동시에 하나님의 백성으로서 공동체적 연대를 형성하는 신학적 사건이라고 주장한다. 하지

만 아쉽게도, 버드의 중도적 접근은 양측의 강점을 조화시키려다 본질을 희석시켰다는 비판을 받는다. 전통적 입장에서는 법정적 칭의의 명확성이 약화되었다고 보고, 새관점 지지자들은 그의 관점이 충분히 혁신적이지 않다고 본다.

④ **에큐메니컬 관점:** 베리-마티 카르카이넨(Veli-Matti Kärkkäinen)은 개신교와 가톨릭의 칭의론을 에큐메니컬 관점에서 통합하려 하며, 칭의를 하나님의 은혜에 의한 선언과 점진적 성화의 결합으로 본다. 카르카이넨은 칭의와 성화를 분리하기보다 하나의 연속적 과정으로 이해한다. 이런 카르카이넨의 시도는 개신교의 즉각적 칭의 개념과 가톨릭의 점진적 성화 개념을 모두 약화시킨다는 비판을 받는다. 개신교 측에서는 종교개혁의 핵심 교리를 훼손하는 시도로 보며, 가톨릭 측에서는 전통적 의화 개념을 온전히 반영하지 못한다고 본다.

⑤ **가톨릭 관점:** 제럴드 오콜린스(Gerald O'Collins)는 가톨릭의 전통적 의화론을 지지하며, 칭의를 단순히 법정적 선언으로 보지 않고 신자의 내적 변화와 성화를 포함하는 과

정으로 본다. 그는 인간의 자유의지와 하나님의 은총 사이의 협력적 관계를 강조한다. 반면, 개신교는 오콜린스의 접근이 성화를 칭의와 동일시함으로써 은혜에 의한 칭의의 단호함을 약화시킨다고 비판한다. 개신교는 인간의 행위가 칭의에 영향을 미친다는 점을 신학적으로 수용할 수 없다고 본다.

09
개혁주의적 칭의와 성화의 해석

① 개혁주의적 칭의

『칭의 균형있게, 이해하기』 책의 저자 박재은은 책의 1장에서 과거에 균형을 잃은 칭의론을 소개한다.

1. 인간의 역할을 강조한 아르미니우스주의 칭의론.
2. 하나님의 주권만 강조하는 반율법주의 칭의론.
3. 행함의 역할을 강조하는 신율법주의 칭의론.
4. 하나님의 주권을 강조하고 인간의 역할은 약화시키는 하

이퍼 칼빈주의 칭의론.

5. 영원으로부터의 하나님의 주권을 강조하는 영원으로부터의 칭의론.

이상의 칭의론들은 하나님의 주권과 인간의 역할과 책임 사이에서 균형 잡기에 실패했음을 밝힌다. 그러면서 저자는 이 책의 2장에서 현대에 벌어지고 있는 세 가지의 칭의론 논쟁을 다룬다.

첫째, 20세기 중후반에 논쟁이 되었던 주제, 즉 그리스도를 주로 영접하면 삶 속에 그리스도의 '주 되심'과 '주재권'이 있어야 한다는 주재권 구원 논쟁(존 스토트 vs 에버렛 해리슨)이다.

둘째, 21세기 초반에 언약의 객관적 실재성을 강조하여 믿음과 행위를 칭의의 조건이나 근거로 삼는 페더럴 비전(Federal Vision) 논쟁(노만 세퍼드 vs 마이클 호튼)이다.

셋째, 20세기와 21세기 유대교를 '언약적 율법주의'로 재해석하고, 바울의 칭의론을 '법정적 칭의'에서 '선교적, 교회론적, 종말론적 칭의'로 재조명한 새관점 칭의론 논쟁이다.

박재은은 이 책의 3장에서 마지막으로, 칭의의 방정식에서 하나님의 주권과 인간의 역할과 책임 사이의 균형을 다시 잡도록 바빙크와 비치우스의 칭의론을 소개한다. 신학적으로는 정교하게 능동적·수동적 칭의를 구분해서 균형을 잡는데, 하나님의 주권이 강조되는 능동적 칭의를 통해 인간의 공로를 제거한다. 반면, 수동적 칭의를 통해 인간의 역할과 책임을 주장한다. 이런 능동적 칭의와 수동적 칭의는 서로에 대한 배제 없이 포괄적으로 칭의를 이해하게 하고, 하나님의 주권과 인간의 역할이 균형 있게 자리잡게 한다. 저자는 죄인이 의롭게 되는 칭의는 하나님께서 주권적으로 하시는 사역이지만, 반율법주의적 값싼 은혜를 추구하는 칭의론을 지양한다.

② 개혁주의적 성화

박재은은 『성화, 균형있게 이해하기』 책 1장에서 과거 교회 역사에서 나타난 불균형적 성화론을 다룬다. 특별히 로마 가톨릭교회가 견지해온 성화론, 마르틴 루터와 후기 루터파의 성화론, 반율법주의적 신학자 헤르만 프리드리히 콜브뤼게의 성화론 등 세 가지를 중점적으로 논한다.

1. 로마 가톨릭교회의 성화론: 박재은은 로마 가톨릭교회가 '칭의'가 아닌 '의화'에 관해 말했지만, 선행적 은총을 주장

한 것에 주목해야 한다고 말한다. 여기서 문제는 인간의 자유 선택과 공로가 있다는 것이고, 재량 공로와 적정 공로를 말한 부분이라고 한다. 재량 공로는 선행하는 은총의 도움으로 '주입된 은총'을 준비하는 자가 쌓을 수 있는 공덕으로서 세례 전에 불완전하게 쌓는 반쪽 공로이고, 적정 공로는 세례 후에 진정으로 쌓을 수 있는 공덕이다. 로마 가톨릭교회의 성화론은 인간론, 준비적 의지론, 선행론, 은총론, 자유선택 의지론, 공로론 등으로, 의화 프레임 안에 인간적 역할과 책임, 그리고 공로가 들어가게 된다. 물론 하나님의 은총의 '선행적 필요성'을 부인하지 않기에 펠라기우스의 망령으로부터는 벗어나려고 하지만, 완전히 벗어나지는 못함을 지적한다.

2. 루터의 성화론: 박재은은 루터의 구원론에 칭의와 성화가 없는 것이 아니라고 말한다. 루터가 성화를 경시한 것이 사실인지를 반문한다. 그러면서 루터의 성화론은 타락 후의 인간을 낙관적으로 보지 않음을 드러낸다. "사람이 의인으로 칭함을 받아도 죄를 짓는 이유가 무엇인가?" 이 질문에 대해 루터는 '내주하는 죄'로 인함이라고 말한다. 게다가 루터의 성화론은 점진적이고 종말론적이다. 루터가 성화의

최종점을 '그리스도의 임재를 통해 하나님의 본성에 참여하는 것'이라고 하자, 투오모 마네로마는 루터가 말하는 하나님과의 사귐, 신성에로의 참여 개념 등을 동방정교회 교리인 '신화' 개념으로 말했다. 하지만 이는 오해라고 했다.

3. **루터과 헤르만 프리드리히 콜브뤼게:** 콜브뤼게는 루터의 성화론을 넘어 극단적 공로주의의 싹을 다 쳐내면서 반율법주의 성화론을 펼쳤다. 콜브뤼게는 그리스도 중심을 말하면서 오히려 성화를 축소하는 결과를 낳았다. 박재은은 책의 2장에서 19-20세기의 미국과 영국으로 시선을 돌려, 오벌린의 완전주의 성화론과 외부의 힘으로 인한 수동적 성화(Let go and let God)를 주장한 케직운동 성화론을 다룬다.

박재은은 책의 3장에서 하나님의 주권과 인간의 역할과 책임 사이의 균형을 잡도록, 존 머레이가 전개한 '결정적 성화' 개념(죄와 죽음이 지배하는 영역으로부터 단번에 불가역적으로 단절되는 것)을 고찰한다. 저자는 결정적 성화가 점진적 성화를 약화시키지 않는다고 말한다. 나아가, 네덜란드의 개혁신학자인 헤르만 바빙크의 성화론을 살펴본다. 성화에는 수동적 성화와 능동적 성화가 있는데, 바빙크는 수동적 성화가 능동적 성화보다 우선하고, 능동적 성화는 지속적인 회개를 통해 가능하다고 말한다. 저자는 결과적으로, 성화란 하나님의 주권과 인간의 책임과 역할 사이의 균형 잡힌 시각 아래에서 자라야 하는 것이라고 강조한다.

이상에서 본 바와 같이, 칭의와 성화, 그리고 옛관점과 새관점을 어떻게 이해하느냐에 따라 극단적 견해로 가기도 한다. 균형을 잘 잡아야 하겠다는 걸 알 수 있다.

개혁주의 칭의와 성화, 핵심 요약 정리

바울신학을 둘러싼 해석의 다양성이 심화되는 가운데, 스캇 맥나이트와 B. J. 오로페자가 편집한 『바울에 관한 다섯 가지 관점』은 바울에 대한 오늘날의 대표적 해석들을 집약한 신학적 이정표로 주목받는다. 본서는 로마 가톨릭부터 새관점, 개신교 전통, 유대교 내적 시각, 바클레이의 은혜 중심 해석까지, 신학적 전통과 방향성이 다른 다섯 가지 시각을 한자리에 모아 비교적이고 통합적인 시각을 제공한다.

브랜트 피트리는 가톨릭 전통의 칭의론을 통해 구원이 단순한 법정적 선언이 아니라 성화와 실제적 변화가 포함된 연속적 과정임을 강조한다. 그는 샌더스의 언약적 율법주의와 가톨릭의 은총 중심 사상 사이의 교차점을 포착하며, 전통 개신교 독자들에게 가톨릭의 언어와 구조를 설득력 있게 설명한다.

A. 앤드루 다스는 개신교 전통 내에서 샌더스 이후의 율법 해석의 변화를 성찰하며, 율법의 '오용'을 바울의 비판 대상으로 지적한다. 그는 전통 칭의론이 유대교적 배경과 긴장 속에서 더 정교하게 다듬어질 수 있음을 주장한다.

새관점의 핵심 주창자인 제임스 던은 바울이 율법을 완전히 폐기한 것이 아니라 구속의 역할을 넘어 보편 구원을 이루는 틀로 재구성했음을 강조한다. 그는 바울의 신학이 유대교 전통과 긴장하며 새 언약 공동체를 형성했다고 본다.

망누스 세테르홀름은 바울이 유대교 내부의 정체성과 지속적 대화를 이어가며 복음을 확장했음을 분석한다. 그의 연구는 바울신학이 유대교 전통을 전복한 것이 아니라 그 안에서 긴밀히 재편성되었음을 입체적으로 조명한다.

존 바클레이는 바울의 은혜 개념을 '선물'(gift)로 재정의하며, 은혜는 무조건적일 뿐 아니라 수혜자에게 도덕적 책임을 부여한다고 말한다. 은혜는 바울 공동체 안에서 윤리적, 사회적 관계를 형성하는 동력이 되며, 단순한 수혜가 아닌 삶의 변화를 요구하는 신학적 실체임을 밝힌다.

한편, 바울 칭의론에 대한 논쟁은 또 다른 저자들의 분석을 통해 더 구체화된다. 마이클 호튼은 종교개혁 전통에 따라 법정적 칭의를 옹호하며, 오직 은혜와 믿음에 기초한 구원을 강조한다. 그러나 가톨릭과 정교회로부터는 성화를 간과한다는 비판을 받는다. 제임스 던은 율법의 기능을 민족적 경계로 해석하며, 바울 칭의론을 공동체적 선언으로 본다. 이에 대해 보수 개신교는 죄와 구원이라는 본질적이고 개인적인 차원을 약화시킨다고 반론을 제기한다.

중도 입장을 취하는 마이클 버드는 전통과 새관점을 종합하려고 시도하지만, 오히려 양측으로부터 본질을 희석시켰다는 비판에 직면한다. 베리-마티 카르카이넨은 에큐메니컬 관점에서 칭의와 성화를 결합하지만, 개신교와 가톨릭 양 진영 모두로부터 모호하다는 평가를 받는다. 제럴드 오콜린스는 가톨릭 입장에서 인간의 자유의지와 은총의 협력을 강조하면서 내적 변화 중심의 칭의론을 제시하지만, 개신교는 은혜의 단독성을 훼손한다고 우려한다.

박재은은 현대 칭의론의 다양한 극단을 진단한다. 그는 아르미니우스주의, 반율법주의, 하이퍼칼빈주의, 신율법주의 등 칭의에 대한 극단적 입장을 소개하며, 하나님의 주권과 인간의 책임 사이의 균형이 무너졌음을 지적한다. 바빙크와 비치우스의 능동적·수동적 칭의 이론을 통해 균형적 구도를 제안하며, 하나님의 주권을 제거하지 않으면서도 인간의 책임을 배제하지 않는 통합적 시각을 제시한다.

박재은은 성화에 관해서는 성화론의 역사적 흐름을 추적한다. 로마 가톨릭의 공로 개념, 루터의 '내주하는 죄'와 점진적 성화, 콜브뤼게의 반율법주의적 성화론을 소개한다. 이후 오벌린 운동과 케직운동의 영향, 그리고 존 머레이의 '결정적 성화' 개념까지 분석하며, 수동성과 능동성의 성화 개념이 균형을 이룰 때 바른 성화론이 성립된다고 주장한다.

바울신학과 칭의론, 그리고 성화론을 둘러싼 오늘날의 신학적 논쟁은 단순한 학문적 견해 차이가 아니라 복음의 본질을 다루는 치열한 성찰이다. '오직 은혜'와 '오직 믿음'을 다시 정의하려는 시도는 결국 "하나님의 주권과 인간의 책임 사이에서 어떤 신학적 균형을 설정할 것인가"라는 과제를 교회에 던지고 있다.

10
새관점을 다시 조망한다

① 새관점은 무엇이고 어디서 왔는가?

『바울에 관한 새관점 개요』의 저자 켄트 L. 잉거는 이런 질문을 던진다.

"새관점은 무엇인가? 새관점은 어디에서 나온 것인가? 새관점의 잠재적인 위험 요소들은 무엇인가? 새관점의 장점은 무엇인가?"

그 내용은 각각 다음과 같다.

1. 새관점은 무엇인가?

'새관점'은 바울의 신학을 해석하는 데 있어서 전통적 해석에서 벗어나 유대교적 맥락을 고려한 새로운 해석의 접근을 지칭한다.

2. 새관점은 어디에서 나온 것인가?

새관점은 1970년대 후반부터 시작된 학문적 움직임으로, 주로 제2성전기 유대교와 바울의 관계를 재평가하려는 시도에서 비롯되었다. E. P. 샌더스의 연구가 이 관점의 기초를 제공했고, 제임스 던과 N. T. 라이트와 같은 학자들이 이를 발전시켰다.

3. 새관점의 잠재적인 위험 요소들은 무엇인가?

a. 개인적 구원의 약화이다. 새관점은 바울의 논의를 공동체적 · 언약적 차원에 집중시키는 경향이 있다. 이로 인해 죄, 칭의, 구원과 같은 개인적 차원의 문제가 희석될 위험이 있다는 비판이 뒤따른다.

b. 칭의 교리의 불명확성이다. 새관점은 칭의를 주로 언약 공동체의 표지로 이해하려 하지만, 이 경우 전통적으로 강조

되어 온 '믿음으로 말미암는 의롭다 하심'이라는 개혁주의적 핵심이 모호해질 수 있다는 우려가 나온다.

c. 신학적 연속성의 손상이다. 제2성전기 유대교의 재평가에 집중하는 과정에서 바울과 교회의 전통적 해석 사이의 연결이 약화될 수 있다. 이는 루터 이후의 정통적 이해를 단순한 오해로 치부할 위험을 내포한다.

d. 구속사 중심의 약화이다. 새관점이 역사적 배경을 밝히는 데는 강점이 있으나, 십자가와 부활이라는 바울신학의 핵심적인 구속사적 초점은 상대적으로 흐려질 수 있다는 지적이 있다.

4. 새관점의 장점은 무엇인가?

잉거는 새관점이 바울신학 연구에 기여한 몇 가지 중요한 장점을 인정한다.

a. 역사적 맥락의 재조명이다. 새관점은 바울의 서신을 제2성전기 유대교의 맥락 속에서 이해하게 함으로써, 바울신학의 역사적 배경을 보다 깊이 이해할 수 있게 한다고 기술한다.

b. 공동체적 이해의 확대이다. 잉거는 새관점이 바울신학의 공

동체적인 측면을 부각시켰다는 점을 긍정적으로 평가한다.
c. 율법과 복음의 관계 재정립이다. 새관점은 율법과 복음의 관계를 재해석한다. 즉, 율법이 단지 구원의 장애물이 아닌 하나님의 언약적 사랑의 표현이라는 점을 강조한다.

② 새관점에 대한 주요 비판과 반발, 그리고 응답

새관점 학파에 대한 전통적 관점 지지자들의 주요 비판은 주로 개신교 종교개혁 전통을 충실히 따르려는 신학자들에게서 제기되었다. 이들은 새관점이 바울 해석을 위해 제기한 새로운 논지들에 대하여 여러 각도에서 문제점을 지적한다. 주요 비판점들을 정리하면 다음과 같다.

a. 샌더스의 유대교 묘사가 과장 혹은 단순화되었다는 지적이다. 샌더스가 제시한 언약적 율법주의 모델은 유대교 전통을 지나치게 일관되고 긍정적인 틀로 묘사한다는 비판을 받는다. 전통주의자들은 실제로 1세기 유대교 문헌들(에녹서, 바룩서 등)에는 행위 중심의 심판과 공로주의적 요소가 존재한다고 주장한다. 특히 『칭의와 다양한 율법주의』(Justification and Variegated Nomism) 시리즈는 이러한 비판을 조직적으로 전개하며, 유대교 내의 일부 사조는 '언약

진입 자체'를 율법 행위에 연관지었다고 반론한다.

b. '율법의 행위'가 특정한 유대적 표징에 국한되지 않는다는 지적이다. 새관점은 바울이 비판한 '율법의 행위'를 할례, 식탁 규례 등 유대인의 정체성 표지로 제한하지만, 전통주의자들은 바울이 인간의 자기의를 추구하는 모든 형태의 행위 구원론을 포함해서 비판했다고 본다. 갈라디아서와 로마서에 나타난 바울의 논리는 '인간의 노력과 자랑'을 전면 부정하는 것으로 해석되며, 따라서 새관점은 바울신학의 범주를 축소시킨다는 비판을 받는다.

c. 이신칭의 교리를 훼손하고, 구원에 행위를 도입한다는 우려가 있다는 지적이다. 새관점이 칭의를 언약 공동체의 지위 선언으로 해석하고 종말론적 심판에서 행위를 고려한다는 점에서, 종교개혁 전통의 '오직 믿음'에 기반한 이신칭의 교리를 약화시킨다는 비판을 받는다. 존 파이퍼, 가이 워터스, 스티븐 웨스터홈 등은 이러한 새관점 논지를 반(半)펠라기우스주의로 간주하며, 그리스도의 의의 전가라는 핵심 교리가 훼손된다고 경고한다.

d. 교회 해석의 전통을 경시하고, 신학사에 대한 단절적 인식을 초래한다고 본다는 지적이다. 종교개혁자들이 1세기 유

대교에 대한 지식 부족으로 바울을 오독했다는 새관점 지지자들의 주장은 칼빈, 루터, 웨슬리 등으로 이어지는 해석 전통에 대한 무시로 읽힌다. 일부 전통주의자들은 이것이 성령의 조명과 역사적 교회 공동체의 해석을 과소평가하는 태도라며 반발한다.

e. 성경의 초월적 진리를 상대화하고, 현대의 적용 가능성을 약화시킨다는 비판이다. 새관점이 1세기 배경에 집중함으로써 바울 서신의 초월적 보편 진리를 축소시킬 우려가 있다는 지적도 있다. 이는 바울 복음을 개인의 죄책과 구원 문제로 받아들이는 전통적 경건주의 흐름과 충돌할 수 있으며, 복음의 실천적 능력을 약화시킬 수 있다는 경계심으로 이어진다.

이상의 비판들은 단지 학문적 차원을 넘어 개신교 복음 이해의 핵심에 대한 신학적 논쟁으로 확산되었으며, 다양한 반박 서적과 공적 담론 속에서 이어지고 있다. 대표적으로는 존 파이퍼의 『칭의의 미래』(2007), 가이 워터스의 『새관점과 바울』(2004), 스티븐 웨스터홈의 『옛관점과 새관점』(2004), D. A. 카슨 등이 편집한 『칭의와 다양한 율법주의』 시리즈 등이 있다.

③ 새관점 진영의 대응과 반론

새관점 학자들은 이러한 비판에 대해 다양한 방식으로 응답해왔다.

1. "이신칭의 교리를 부정하는 것이 아니다"라고 거듭 강조한다.

새관점은 칭의 자체를 부정하거나 인간의 행위로 구원받을 수 있다고 주장하는 것이 결코 아니며, 다만 바울 당시에 말한 그 교리가 의미했던 바를 재해석하려는 것이라고 설명한다. 예를 들어, 제임스 던은 자신이 오직 은혜, 오직 믿음의 구원 원리를 결코 거부하지 않으며, 다만 바울이 그 원리를 이방인도 하나님의 백성이 될 수 있다는 선언의 형태로 적용했을 뿐이라고 해명한다.

라이트도 존 파이퍼 등의 비판에 응답하며, 자신이 말하는 칭의의 현재-미래 구조가 인간 행위의 공로를 세우는 것이 아니라, 궁극적으로도 하나님의 은혜의 역사하심을 전제한다고 설명한다. 라이트는 "믿음으로 시작하여 성령의 능력으로 거룩함의 열매를 맺어 최후까지 인도함을 받는다면, 그 모든 과정이 결국 하나님의 은혜 아니겠는가"라고 반문하면서, 새관점이 인간 쪽에서 무엇을 이룬다고 주장하는 것이 아니라고 변호한다. 라이트는 오히려 "전통주의자들이 주장하는 전가 교리야말로 성경에 명시적 근거가 없으며, 법정이라는 비유를 잘못 사용한 결과"라고 역비판한다. 새관점 측은 자신들이 칭의의 진정한 의미를 왜곡하려는 것이 아니라, 바울이 1세기 상황에서 말하려 한 뜻을 최대한 존중하려는 것이라고 거듭 강조한다.

2. 유대교에 대한 재평가 부분에 대해 일부 수정을 가하거나 재해석을 내놓고 있다.

샌더스의 주장 이후 추가 연구를 통해 "유대교에도 여러 견해가 혼재했다"라는 점이 밝혀진 것은 사실이다. 그러나 새관점 측은 그렇더라도 전반적인 흐름은 유대교가 하나님의 은혜를 강조했다는 점을 부인할 수 없다고 반박한다. 즉, 몇몇 외경 문헌에 행위 구원적인 진술이 있다고 해서 당대 유대교의 주류가 철저한 공로주의였던 것은 아니며, 오히려 유대인들은 스스로를 하나님의 선택받은 백성으로 인식하고, 율법 준수를 그 은혜에 대한 언약적 의무로 여겼다는 것이다. 그러므로 바울이 비판한 유대인의 신앙 형태도 '은혜

없는 율법주의'라기보다 "은혜를 자기 민족에게만 독점하려는 배타주의였다"라고 새관점 진영은 재차 주장한다.

또한 '율법의 행위' 해석 논쟁에 대해서도 새관점 학자들은 갈라디아서와 사도행전 등에서 이방인의 할례 문제가 얼마나 뜨거운 이슈였는지를 상기시킨다. 갈라디아서 2장에서 바울이 베드로를 책망한 사건, 5장에서 "할례를 받으면 그리스도와 무관하다"라고 한 선언 등은 이방인에게 요구된 유대인의 표지, 즉 할례를 둘러싼 논쟁임이 분명하다는 입장이다. 따라서 '율법의 행위'가 적어도 갈라디아서의 독자들에게는 할례 등의 특정 조항으로 이해되었을 것이 자명하며, 로마서의 보다 보편적인 논의에서도 그 맥락을 배제해서는 안 된다고 반박한다. 즉, 바울이 "율법의 행위로 의롭다 함을 얻을 수 없다"라고 말할 때, 당대의 청중은 "할례나 정결법 등의 규례로는 의롭게 되지 못한다"라는 의미를 우선적으로 염두에 두었을 것이라는 주장이다. 이처럼 새관점 학자들도 바울신학의 보편 원리를 부정하지는 않는다. 다만 그 원리가 구체적 역사 상황 속에서 표현된 방식으로 이해되어야 한다는 것이다.

3. 자신들이 성경 본문을
   더 면밀히 읽은 결과라는 점을 역설한다.

비판자들이 "새관점이 교리 전통을 무시한다"라고 지적하는 데 대해, 새관점 학자들은 "우리는 교리를 무시하려는 것이 아니라, 교리보다 본문을 우선하려는 것"이라고 응수한다. 이는 오히려 '오직 성경'(솔라 스크립투라)의 정신에 충실한 시도라는 입장이다. 라이트는 전통주의자들이 루터와 칼빈의 신학 체계를 지나치게 절대시한 나머지 바울의 본문이 실제로 무슨 말을 하는지 놓치는 경우가 많다고 지적한다. 예컨대 갈라디아서의 맥락과 로마서 9-11장의 이스라엘 논지를 보면, 바울신학에는 '유대인과 이방인의 구원 문제'가 핵심 쟁점으로 자리한다고 할 수밖에 없는데도, 이를 개인 구원 심리로 환원해서 읽어온 것이 잘못이라는 것이다. 따라서 새관점은 오히려 성경으로 돌아가자는 운동에 가깝지, 성경을 훼손하는 것이 아니라고 주장한다.

새관점주의자들은 또한 "교회 전통도 잘못될 수 있다"라는 종교개혁의 원리를 환기시키며, 루터 이후의 해석 전통이 모든 면에서 완전무결한 것은 아니라고 반박한다. 실제로 16세기 이후 개신교 신학이 지나치게 서구의 개인주의 색채를 띠고 발전한 측면이 있으며, 바울 복음의 공동체적·우주적 스케일이 축소된 채 교리가 공식화되었다는 문제의식을 제기한다.

새관점 진영은 이러한 자기 성찰이 교회를 해치는 것이 아니라 오히려 보완하고 풍성하게 한다고 믿는다. 예컨대, 앞서 언급한 라이트와 칼케의 사례에서 보듯, 새관점으로 촉발된 논쟁은 속죄론·종말론 등 복음의 여러 측면에 대한 깊은 토론으로 이어졌고, 교회로 하여금 자신의 가르침을 점검하게 했다는 것이다.

물론 새관점 진영 내부에서도 비판을 수용하여 수정된 점들이 존재한다. 샌더스 이후 40여 년간 진행된 유대교 연구의 결과, 오늘날 대부분의 새관점 학자들은 유대교가 단일하지 않았고, 행위 공로를 말하는 전통도 있었음을 인정한다. 다만, 그럼에도 불구하고 바울이 경험한 유대교, 즉 바울이 반대했던 유대인들의 태도는 '은혜 없는 행위 구원'과 거리가 있었다는 초점을 유지한다.

또한 새관점 학자들 중 일부는 칭의의 현재성과 미래성을 모두 수용하면서도, 전통적 칭의 이해를 완전히 폐기하지 않는 절충안을 찾기도 했다. 이를테면, 영국의 신약학자 사이먼 개더콜 등은 바울이 율법의 행위를 배척한 이유가 유대인이나 이방인 모두 선행으로는 완전한 순종을 할 수 없어서, 즉 인간의 무능이라는 측면도 분명히 있어서였다고 지적하면서 전통적 관점과 새관점을 부분적으로 통합하려 했다. 현대 바울학계에서는 이러한 절충적 견해들도 다수 등장하여 대화에 참여하고 있다.

2020년대를 맞이한 현재, 새관점 논쟁은 초기의 첨예했던 대립에서 많이 진정되어, 전반적으로는 상호 보완적으로 접근하려는 경향도 나타난다. 새관점으로 인해 제기된 문제의식들, 즉 1세기 유대교의 다원성, 바울 복음의 사회적 차원, 칭의 교리의 법정적 비유의 한계 등은 이제 전통주의자들도 어느 정도 수용하여 고려하게 되었다.

반대로, 새관점에 우호적인 측에서도 전통 신학이 강조하는 인간 보편의 죄와 은혜의 필요성을 다시 성찰하는 등 건설적인 대화가 진행 중이다. 요컨대, 새관점에 대한 비판과 그에 대한 응답의 역사는 단순히 한 쪽의 승패로 끝났다기보다, 바울신학을 더욱 풍부하고 입체적으로 이해하는 계기를 제공했다고 평가할 수 있다.

새관점 다시 조망하기의 핵심 요약 정리

새관점은 무엇보다 1세기 유대교에 대한 재평가를 통해 바울의 언어와 논리를 새롭게 이해하고자 했다. 켄트 잉거 교수는 이를 '역사적 맥락에 바탕한 바울 해석의 회복'으로 평가하며, 다음과 같이 새관점의 장점을 제시한다.

첫째, 새관점이 바울의 서신을 제2성전기 유대교의 틀 안에서 해석함으로써, 율법과 은혜, 칭의와 공동체의 개념이 보다 실감나게 이해된다.

둘째, 새관점은 복음을 단지 개인 구원의 차원에서가 아니라 공동체의 정체성과 포용성의 선언으로 파악하게 한다.

셋째, 새관점은 율법이 구원의 장애물이 아니라 언약의 일부로 기능하며, 하나님의 은혜의 표현으로도 해석되게 한다.

그러나 개신교 전통 진영에서는 새관점에 대해 여전히 신학적 반발이 거세다. 이들은 새관점이 종교개혁 이후 교회가 붙들어온 핵심 교리를 훼손한다고 주장한다. 그 주장의 내용은 이렇다.

첫째, 샌더스의 유대교 해석이 지나치게 긍정적이며, 실제 문헌에는 공로주의적 요소가 다수 존재한다고 반론한다.

둘째, 바울이 비판한 '율법의 행위'는 단순히 유대인의 표징이 아닌 인간 자력 구원의 모든 시도를 포함한다.

셋째, 새관점은 칭의를 공동체 지위의 선언으로 축소하고, 종말론적 심판에 행위를 포함함으로써 전통적 이신칭의 교리를 약화시킨다.

넷째, 새관점은 루터와 칼빈 이후 이어진 해석 전통을 단절시킨다.

다섯째, 새관점이 복음의 초월적 보편성과 현대 적용 가능성을 약화시킨다는 우려도 있다.

이에 대해 새관점 지지자들은 "우리는 이신칭의를 부정하지 않는다"고 강조한다. 제임스 던은 바울의 '믿음'이 공동체 선언의 방식일 뿐, 은혜 중심의 원리를 부정한 적은 없다고 말한다. 톰 라이트 역시 최종 칭의에 '행위'가 포함된다 해도, 그것은 결국 성령의 열매이자 은혜의 결과라고 주장한다. 게다가 자신은 전통적인 법정적 칭의도 인정한다고 말한다. 더불어 새관점 학자들은 자신들이 단지 1세기 문맥에 충실한 본문 중심 해석을 시도했을 뿐이라며, 전통주의자들이 루터적 신학을 지나치게 절대화하고 있다고 비판한다. "본문을 우선하는 것이 곧 '솔라 스크립투라'의 정신"이라는 주장이다.

오늘날 새관점 논쟁은 초기의 첨예한 대립에서 벗어나 상호 수용과 균형을 모색하는 흐름으로 전환되고 있다. 전통주의 진영은 유대교의 다원성과 바울 복음의 공동체성을 어느 정도 수용하기 시작했고, 새관점 진영도 죄와 은혜에 대한 전통적 통찰을 다시 성찰하고 있다. 영국의 신약학자 사이먼 개더콜처럼 절충적 입장을 시도하는 학자들도 늘어나면서, 바울신학의 해석 지형은 한층 더 입체적으로 변화하고 있다.

새관점은 단지 하나의 학문적 해석 방법을 넘어 바울신학에 대한 자기 점검과 갱신을 촉진한 계기가 되었다. 이 논쟁은 복음을 더 깊이 묻고, 교리를 더 정직하게 검토하며, 공동체의 정체성을 더 풍성하게 이해하도록 교회를 이끌고 있다. 결국, 신학은 대립이 아니라 더 나은 복음 이해를 위한 진지한 대화의 장임을 새관점 논쟁은 증명하고 있다.

― 에필로그 ―

"경계를 넘어 통합으로 나아가는 바울 해석의 미래"

"바울을 어떻게 이해할 것인가?"는 오랫동안 신학자들 사이에서 가장 중요한 질문 가운데 하나였다. 바울은 한 사람인데, 시대와 해석자에 따라 전혀 다르게 읽혀 왔다.

처음에는 루터와 칼빈 같은 종교개혁자들이 바울신학을 강조했다. 이들은 바울이 "오직 믿음으로 의롭다 하심을 받는다"라고 말했다는 점에 집중했다. 이 해석은 '전통적 관점'이라 불렸다. 이런 옛관점은 바울이 개인의 구원을 중심으로 설명하고, 율법이 아닌 믿음으로만 구원받는다고 말했다고 강조한다.

그 뒤에 등장한 학자들은 '새관점'을 제안했다. 하지만 다양한 새관점도 모든 것을 설명하진 못했다. 이런 흐름을 보면, 바울 해석은 계속해서 변화하고 발전해 왔던 것이다. 마치 헤겔이 말한 것처럼, '정반합'의 논리처럼 보인다. 하나의 생각이 나오고(정), 그것에 대한 반대가 나타나고(반), 마지막에는 더 깊은 통합이 이루어진다(합). 그리고 더 나아가 합을 넘어 '초합'의 관점(보카치니의 새관점)이 나왔다.

오늘날 우리는 더 이상 바울을 한 가지 틀로 단순하게 이해할 수 없다. 바울은 언약적 율법 가운데 믿음을 말했고, 유대인이면서도 이방인을 품었으며, 현재의 칭의와 미래의 구원을 함께 선포한 인물로 볼 수 있음을 살펴 보았다.

왜 우리는 이런 여러 신학적 관점을 통해 바울을 해석해야 할까? 신학이란 끝없이 질문하고, 더 올바른 진리를 향해 나아가는 여정이기 때문이다.

바울 해석의 여정은 아직 끝나지 않았다. 지금도 계속되고 있다. 아마 우리가 천국에서 바울을 만나, 그가 어떤 상황에서 어떤 말을 했는지 묻기 전까지, 우리는 바울이 남겨 준 텍스트를 가지고 논의할 것이다.

그러나 자신이, 그리고 자신이 속한 학파와 그 관점의 주장만 맞다고 주장하기보다, 무엇이 더 성경적이고 바울이 말한 것에 더 가까운 것인지 토론할 수 있어야 한다. 그럴 때 진정으로 바울신학을 온전히 드러낼 수 있을 것이다.

세상에서 가장 무서운 사람은 책 한 권 읽고서 세상 지식을 다 아는 척하는 자다.

나 자신은 어떤가?

지금 나는 바울이 말한 바를 이해하고 있는가?

바울이 말하는 바를 정말 이해하고, 복음의 감격을 누리고 있는가?

부록

새관점과 관련하여
읽어야 할 책 50권 요약

01 바울에 관한 새관점 개요
켄트 L. 잉거, 감은사, 2022

이 책은 바울 해석의 전환점이 된 '새관점(New Perspective)'의 주요 논점과 흐름을 평이하게 정리한 입문서다. 저자 잉거는 "새관점은 무엇인가?", "어디서 시작됐는가?"라는 질문부터, 그 장점과 위험 요소까지 네 가지 핵심 이슈(① 새관점은 무엇인가? ② 새관점은 어디에서 나온 것인가? ③ 새관점의 잠재적 위험 요소들은 무엇인가? ④ 새관점의 장점은 무엇인가?)를 중심으로 서술한다. 특히 저자는 새관점이 공동체 중심의 신학을 강화하는 동시에, 개인 구원이나 전통적 교리와 충돌할 수 있는 점을 지적한다. 그럼에도 불구하고, 저자는 새관점이 바울신학의 역사적 맥락과 율법 이해를 풍성하게 해석하게 만든 공로를 인정하며, 균형 잡힌 평가를 시도한다.

02 바울과 팔레스타인 유대교
E. P. 샌더스, 알맹e, 2018

저자 샌더스는 제2성전기 유대교가 율법주의 종교라는 전통적 오해를 반박하며, 이를 '언약적 율법주의'(Covenantal Nomism)로 재정의한다. 이 책에서 저자는 유대인들이 하나님의 은혜로 언약에 들어가며(getting in), 율법 준수는 그 언약을 유지하는 방식(staying in)이라고 기술한다. 바울이 유대교 자체를 반대한 것이 아니라 예수 그리스도의 도래로 율법의 기능이 종결되었음을 선포했다고 주장한다. 저자는 바울과 유대교를 각자의 종교적 체계로 분석하며 바울신학을 독립적인 틀에서 해석한다. 이 책은 '새관점' 신학의 출발점이고, 이후 제임스 던과 톰 라이트 등에게 큰 영향을 미친다.

03 바울에 관한 새관점
제임스 D. G. 던, 감은사, 2018

저자 제임스 던은 샌더스의 '언약적 율법주의'를 수용하면서도, 바울과 유대교 간의 단절을 지적한 샌더스와 달리 신학적 연속성을 강조한다. 저자는 바울의 율법 비판을 이방인 배제를 위한 유대적 경계 행위 비판으로 해석하며, '율법의 행위'를 민족 정체성의 상징으로 본다. 이신칭의를 개인 구원의 문제가 아닌 공동체 안에서 유대인과 이방인의 포용 문제로 재정의한다. 복음의 사회적·통합적 차원을 부각시킨다. 이 책에서 던은 바울을 단순한 종교개혁 신학자가 아닌 언약 공동체의 재구성자라는 새로운 틀로 조명한다.

04 신약성경과 그 세계
N. T. 라이트, 마이클 버드, 비아토르, 2024

이 책은 신약성경과 초기 기독교를 역사적·문화적 맥락 속에서 조명하는 안내서이다. 제2성전기 유대교와 그리스-로마 세계를 배경으로 신약 각 책의 위치와 의미를 설명한다. 당대의 사건과 사회 구조, 문학 등을 성경과 연결하여 독자의 이해를 깊게 한다. 이 책은 입문서로서의 미덕인 풍부한 정보, 논쟁점, 시각 자료, 핵심 개념 등을 충실히 담고 있다. 고대 1차 자료 인용도 많아 신약성경 연구의 결정판이라 할 만하다. 이 책은 라이트가 전개할 '새관점' 신학의 초석으로, 신약성경을 역사적·문화적 맥락에서 입체적으로 이해하도록 돕는다.

05 바울과 선물
존 M. G. 바클레이, 새물결플러스, 2019

이 책은 갈라디아서와 로마서를 중심으로, 바울이 고대 '선물' 개념을 어떻게 신학적으로 재구성했는지를 치밀하게 분석한 역작이다. 저자 바클레이는 특히 '비순환성'(돌려받지 않는 선물)이 바울의 사상이 아니라 현대적 오해임을 지적하며, 바울의 은혜 이해를 정밀하게 복원한다. 이 책은 초기 유대교와 그리스-로마 세계의 선물 문화를 바탕으로, E. P. 샌더스의 '언약적 율법주의'에 대한 한계를 비판적으로 해부한다. '은혜' 개념을 주제로 바울신학의 옛관점과 새관점을 모두 넘어서며, 새로운 해석의 이정표를 제시한다. 현대 성서학과 바울 연구 전반을 뒤흔든 이 책은 학자, 목회자, 신학생에게 반드시 읽혀야 할 고전으로 자리매김하고 있다.

06 바울과 은혜의 능력
존 M. G. 바클레이, 감은사, 2021

바클레이의 대표작 『바울과 선물』을 저자가 보다 쉽게 풀어쓴 책으로, 목회자와 평신도를 위한 신학적 안내서로 주목받고 있다.

1장에서 9장까지는 바울이 선포한 '무가치한 자에게 그리스도를 내어주신 하나님의 은혜'라는 혁명적 통찰을 중심으로 바울신학의 방향을 새롭게 조정한다. 이어 10-11장에서는 고린도전후서를 주해하며, 은혜가 인간의 무능을 하나님의 능력의 무대로 전환시키는 역동적 힘이라고 강조한다. 12장에서는 가톨릭, 개신교, 새관점, 급진적 새관점 학자들과 비교해 바클레이 자신의 은혜 이해가 어떻게 다른지를 명확히 제시하며, 그들의 한계 또한 날카롭게 짚어낸다. 마지막 13장에서는 바울의 은혜 신학이 오늘날의 현실 속에서 인간의 삶을 어떻게 변화시키고 공동체적 헌신으로 이어지는지를 실천적으로 조명한다.

07 바울신학과 새관점
김세윤, 두란노, 2002

저자 김세윤은 바울의 회심과 다메섹 도상 체험을 신학 형성의 핵심으로 삼아, 새관점 학자들이 놓친 '칭의론의 기원'을 정밀하게 조명한다. 저자는 율법의 행위를 단지 유대인의 정체성 표지로 해석한 새관점의 주장에 한계를 지적하며, 바울의 율법 비판이 단순한 선교 전략이 아니라 계시적 사건에서 비롯된 것임을 강조한다. 바울이 말하는 '칭의'와 '화목'은 부활하신 그리스도와의 인격적 만남에서 직접

도출된 신학이라는 점도 설득력 있게 제시한다. 또한 저자는 바울신학의 토대에서 구약성경, 특히 이사야서 42장과 초대교회의 예수 전승이 중요한 역할을 했다고 분석한다. 이 책은 전통적 관점과 새관점의 장단점을 비판적으로 통합한다.

08 칭의 논쟁
존 파이퍼, 부흥과개혁사, 2009

저자 존 파이퍼는 톰 라이트의 새관점 신학에 대한 비판적 응답으로, 이 책에서 전통적 개혁주의 칭의론을 강력히 변호한다. 저자는 '하나님의 의'가 언약적 신실함이 아닌 하나님의 본질적 속성이며, 인간에게 전가되는 의로 해석돼야 한다고 주장한다.

저자는 라이트가 칭의를 교회 공동체의 표지로 축소시켰다며, 칭의는 죄인이 하나님 앞에서 의롭다 하심을 받는 법적 선언이라고 강조한다. 특히 '믿음으로 말미암은 의'는 그리스도의 순종과 죽음을 통한 전가의 은혜에 근거한다고 설명한다. 이 책에서 저자는 새관점 신학이 가져온 혼란에 대해 성경적, 역사적, 신학적 근거로 대응하며, 복음의 본질을 수호하려고 한다.

09 톰 라이트, 칭의론 다시 읽기
박영돈, IVP, 2016

저자 박영돈은 톰 라이트의 칭의 이해를 면밀히 분석하고, 개혁주의 입장에서 그 강점과 한계를 균형 있게 평가한다. 저자는 라이트의 새관점 칭의론이 '언약'과 '교회 중심성'을 강조한 점에서는 유익하지만, 개인의 죄 사함과 의의 전가 개념을 희미하게 만든다고 지적한다. 특히 라이트가 '칭의'를 언약 공동체의 소속 표지로만 이해한 것은 복음의 법정적이고 구원론적인 측면을 축소한 오류라고 비판한다. 동시에 저자는 라이트의 견해를 정죄하기보다 그 안에 담긴 통찰을 개혁신학과의 대화 속에서 건설적으로 수용할 필요성을 강조한다. 이 책은 바울의 칭의론을 둘러싼 현대 논쟁을 쉽게 풀어주며, 신학적 균형과 목회적 통찰을 함께 제시하는 유익한 해설서이다.

10 단숨에 읽는 바울
존 M. G. 바클레이, 새물결플러스, 2018

이 책은 단순한 바울 서신 개론서가 아니라, 바울이라는 인물과 그의 사상이 남긴 2000년 신학사의 유산을 압축적으로 조망하는 통찰력 있는 저작이다. 세계적 바울학자인 바클레이는 이 책에서 바울에 대한 옛관점과 새관점 사이의 이분법을 넘어, 복음의 본질과 은혜의 역동성을 명료하고 객관적으로 풀어낸다. 얇지만 깊이 있는 이 책은 바울에 대한 방대한 연구 결과를 쉽게 따라갈 수 있도록 정리해주면서도 최신 학문적 논의를 반영한 텍스트로 평가받는다. 특히 『바울과 선물』에서 정립한 고대 선물 개념을 바탕으로 한 바울 해석은 이 책에서도 여전히 중요한 기조를 이룬다. 독자는 이 책을 통해 바울의 신학과 그 해석사를 단숨에 조망하면서 깊은 이해에 이르는 귀한 안내를 받게 된다.

11 바울과 하나님의 신실하심(상하)
톰 라이트, CH북스, 2015

저자 톰 라이트의 바울신학 결정판으로 평가받는 대작으로, 바울을 1세기 유대교와 헬레니즘 세계의 맥락 속에서 철저히 역사적으로 재해석한다. 저자는 바울의 사상을 '하나님의 언약에 대한 신실하심'이라는 주제 아래 통합하며, 하나님께서 예수 그리스도를 통해 아브라함에게 하신 약속을 성취하셨다는 관점을 강조한다. 저자는 바울의 유일신론, 선택론, 성전론이 예수 그리스도를 중심으로 재정의되었다고 보며, 이를 통해 전통적인 유대교 신학이 근본적으로 새롭게 구성되었음을 주장한다. 칭의 개념 역시 개인 구원의 법적 선언이 아니라 언약 공동체에 대한 하나님의 신실하신 판결로 해석하며, 이는 새관점의 핵심 주장을 대변한다. 저자는 바울을 단순한 교리 신학자가 아닌 신학적 세계관을 가진 사상가요 새로운 유대교적 철학자로 규정한다. 이 책은 바울의 복음이 단지 종교적 구원 메시지를 넘어 세계사적 차원의 하나님의 통치 회복이라는 거대한 비전을 담고 있음을 설득력있게 전개한다.

12 바울에 관한 새로운 탐구
티모 라토, 이레서원, 2020

저자 라토가 샌더스, 던, 라이트, 바클레이로 대표되는 '새관점' 학자들의 주장을 정리하고 비판적으로 분석한 신학 입문서이자 비평서다. 저자는 각 학자가 바울신학을 어떻게 전환시켰는지를 면밀히 추적하면서, 율법, 언약, 칭의, 은혜와 같은 핵심 개념들이 어떻게 재해석되었는지를 설명한다. 특히 '율법의 행위'를 민족적 경계 표지로 본 새관점의 통찰을 소개하면서도, 그것이 가진 해석상의 한계를 지적하고 보다 넓은 신학적 맥락에서 이해하도록 제안한다. 또한 바클레이의 '은혜와 선물' 개념을 통해 바울의 신학이 지닌 복합성과 변증적 가능성을 조명한다. 얇은 분량 속에 현대 바울 해석 논쟁의 핵심 쟁점을 압축해 담은 이 책은 바울신학의 지형을 빠르게 파악하고자 하는 독자들에게 균형 잡힌 통찰을 제공한다.

13 톰 라이트에 대한 개혁신학적 반응
이승구, 합신대학원출판부, 2013

저자 이승구는 세계적인 신약학자 톰 라이트의 신학적 입장을 개혁주의 관점에서 면밀히 분석하고 평가한다. 저자는 라이트가 제시한 성경의 역사성과 하나님 나라 중심 신학, 하나님의 주권에 대한 강조 등은 긍정적으로 수용하지만, 칭의론에 있어서 전통적 '의의 전가' 개념을 약화시킨 점에 대해서는 비판적인 시선을 보인다. 특히 라이트의 해석학, 즉 '비판적 실재론'이라는 방식은 성경의 권위에 대한 신뢰를 훼손할 우려가 있으며, 지옥과 재림, 새 하늘과 새 땅에 대한 이해 역시 개혁신학과 다른 방향을 제시한다고 평가한다. 저자는 라이트가 성경비평학의 틀을 수용하고 문자적 해석을 비판하는 점도 신학적으로 신중한 검토가 필요하다고 강조한다. 이 책은 라이트의 신학적 공헌을 인정하면서도, 핵심 교리에 대한 철저한 재검토를 통해 바른 신학적 분별을 요청하는 개혁주의적 응답으로 주목받는다.

14 바울의 공동체 사상
로버트 뱅크스, IVP, 2023

이 책은 1세기 가정 교회(house church)를 중심으로 바울신학 속의 '공동체'를 역사·사회적 맥락에서 재조명한 학문적 탐구서다. 저자는 바울이 형성한 공동체를 단순한 교리나 예식이 아닌 상호관계를 기반으로 한 살아 있는 공동체로 정의하며, 그 핵심 축은 개인이 아닌 상호의존적 '관계'에 있다고 제시한다. 1세기 유대교와 헬레니즘 비밀 종교 등의 종교사회적 배경을 바탕으로, 바울 공동체가 당시 문화 속에서 어떻게 차별화되고 독자적으로 존재했는지를 설명한다. 저자는 에클레시아(ekklesia)가 지역 교회 모임을 지칭하며, 바울이 오늘날처럼 보편적·제도적 교회 개념보다 '현존하는 모임'으로서의 교회에 집중했음을 강조한다. 저자는 바울 공동체의 특징으로 상호 교육, 신앙 점검, 친교 체험(식탁 나눔), 영적 은사 교환, 여성과 사회적 약자의 적극적 참여 등을 꼽으며, '기능에 따른 리더십'과 '포용적 다양성'을 분명히 드러낸다. 이 책은 바울신학의 공동체적 측면을 통합적으로 재구성함으로써, 바울 서신을 통한 현대 교회 이해와 교회론적 적용에 강력한 통찰을 제공한다.

15 바울에 관한 새관점
가이 프렌티스 워터스, P&R(개혁주의신학사), 2012

이 책은 종교개혁 전통의 칭의 교리를 바탕으로 새관점 논쟁을 신중하고 체계적으로 분석한 비평서다. 저자 워터스는 샌더스, 제임스 D. G. 던, 톰 라이트 같은 새관점 학자들의 주요 주장, 특히 율법의 행위를 민족적 표지로 해석하는 관점을 상세히 정리하면서, 그 신학적 기반과 논리적 한계를 날카롭게 지적한다.

저자는 새관점이 바울의 언약 공동체 중심 사고를 강조하는 점에서는 의미가 있지만, 의의 전가나 개인의 구속 개념을 약화시킨다는 점에서 개혁주의 신학과 충돌한다고 본다. 저자는 복음의 본질을 지키기 위해 전통적 칭의 교리를 옹호하면서도, 새관점의 문제의식을 무시하지 않고 균형 있게 비판한다.

16 칭의와 성화
김세윤, 두란노, 2013

저자 김세윤은 칭의와 성화가 별개의 단계가 아닌, 하나님의 구원 과정 속에서 유기적으로 함께 작동하는 동시적 현상임을 강조한다. 저자는 바울이 유대인에게는 '칭의', 이방인에게는 '성화'라는 어휘를 사용하여, 본질적으로 하나인 복음을 다양한 언어로 선포했다고 설명한다. 칭의를 단순히 '하나님의 의가 전가된 선언'이라고 해석하는 것으로 그치지 않고, 삶의 지속적 변화와 성화 과정까지 포함하는 복합적 개념으로 재해석한다. 전통 개혁주의가 칭의와 성화를 단계적으로 분리한 관점을 경계하며, 윤리적 변화 없이 칭의만을 강조하는 것은 복음의 왜곡이라고 지적한다. 결국 저자는 '은혜로만, 믿음으로만'의 칭의가 성화와 동떨어지지 않도록, 바울신학의 구원론을 통합적·균형적으로 재조명하려고 한다.

17 칭의를 말하다
마이클 리브스, 두란노, 2023

이 책은 칭의 교리를 중심 주제로 다루며, 법정적 선언과 구원의 전 과정을 통합적으로 조명한다. 저자 리브스는 칭의를 단순한 '죄 용서' 차원이 아니라 죄인에게 주어지는 새로운 정체성과 능력의 전환으로 확장해서 설명한다. 특히 '칭의'가 성도의 일상 속에서 신분의 변화뿐 아니라 삶의 변화를 뜻한다는 점을 강조한다. 이를 통해 칭의 신앙의 실제적 의미를 부각시킨다.

저자는 전통적 개혁주의 칭의론의 신학적 강점은 수용하면서도, 구원의 형성 과정으로서 성화와의 불가분적 연관성을 명확히 제시한다. 이 책은 칭의에 대한 전통적·현대적 논쟁을 정리하며, 신앙생활 속에서 칭의를 깊이 이해하고자 하는 독자에게 유익한 지침을 제공한다.

18 칭의와 하나님 나라
김세윤, 두란노, 2020

이 책은 칭의론과 하나님 나라 신학을 유기적으로 결합하여 바울의 구원론을 새롭게 조명하는 저작이다. 저자 김세윤은 칭의를 단순한 법적 선언이 아닌 하나님 나라로의 참여를 가능케 하는 관계 전환으로 해석한다. 바울이 말하는 '칭의'는 믿는 자가 그리스도 안에서 하나님의 통치 아래로 들어가는 신분적·공동체적 입문의 의미를 포함한다고 본다. 저자는 하나님 나라 개념이 칭의의 현실적 성취와 연결될 때 생애 전체와 공동체 속에서의 변화와 사명이 드러난다고 강조한다. 이는 칭의가 개인의 영적 선언에 그치지 않고 교회와 세상을 향한 하나님의 통치 실현과 임박성을 드러내는 구원론이라는 것을 밝혀준다. 이 책은 궁극적으로 복음의 진정한 의미를 하나님 나라 중심적 관점으로 재정립하며, 신앙과 삶, 공동체의 통합적 이해를 추구한다.

19 이신칭의
알리스터 맥그래스, 생명의말씀사, 2015

저자 맥그래스는 종교개혁 전통에서 강조된 "믿음으로 의롭다 함을 받는다"라는 교리를 신학적·역사적으로 정리하고, 오늘날의 의미를 되새긴다. 저자는 칭의를 단순한 죄 사함이 아니라 법정적 선언, 즉 하나님이 죄인을 의롭다고 선언하시는 사건으로 이해한다. 이 과정은 내적 변화가 아닌 지위의 변화이며, 성화와 구별되는 외적 선언임을 분명히 한다. 저자는 전통적 개념인 '그리스도의 의의 전가'를 옹호하면서, 중세 가톨릭의 '내재적 의' 개념과 명확히 구분한다. 이 책은 개혁주의 칭의론의 핵심을 명료하게 정리함으로써, 현대 교회와 신자들이 복음의 본질을 바르게 이해하도록 돕는다.

20 나는 영생을 믿는다
위르겐 몰트만, 신앙과지성사, 2020

이 책은 죽음과 부활, 그리고 영원한 생명에 대한 신학적 고백이자, 그의 삶과 신학의 마지막 성찰을 담은 저서이다. 저자 몰트만은 죽음을 단순한 끝이 아닌 부활을 통한 새로운 시작의 문으로 바라보며,

영생을 현실과 단절된 저 너머의 삶이 아니라 희망의 완성으로 해석한다. 이 책은 특히 코로나19, 전쟁, 노년기와 같은 시대적 위기 속에서 죽음을 직면한 이들에게 부활 신앙이 주는 위로와 의미를 되새기게 한다. 저자는 아내의 죽음이라는 개인적 상실을 신학적으로 풀어내며, 고통 속에서도 소망을 잃지 않는 종말론적 신앙을 강조한다. 저자의 이 마지막 신학서는 죽음을 넘어 새 창조로 이끄는 부활의 희망을 선포하는 '희망의 신학'의 완성이라고 할 수 있다.

21 유대인과 이방인 사이에 있는 바울
크리스터 스텐달, 감은사, 2021

저자 스텐달은 서구 교회가 바울을 지나치게 내면적이고 죄책 중심으로 해석해 왔다고 비판한다. 저자는 바울의 질문이 "어떻게 죄인이 구원받는가"가 아니라 "이방인이 어떻게 하나님의 백성에 포함되는가"였다고 주장한다. 바울은 자신의 회심을 '개종'이 아니라 이방인을 위한 사명 인식으로 이해했다고 강조한다. 또한 유대교는 율법주의가 아니라 은혜 중심의 언약 종교라고 설명하며, 서구 교회의 왜곡된 유대교 이해를 바로잡는다. 이 책은 바울에 대한 전통적 해석에 도전하며, 보다 역사적이고 유대적 맥락 속에서 바울을 이해할 필요성을 제시한다.

22 바울
김덕수, 살림, 2018

저자 김덕수는 바울을 기독교의 창시자가 아니라 유대교적 배경 위에서 활동한 역사적 인물로 조명한다. 이 책은 바울의 초기 생애, 회심 사건, 그리고 세 차례에 걸친 선교 여행을 따라가며 바울의 사역 여정을 서사적으로 풀어낸다. 회심 이후에 바나바, 디모데, 누가 등과 동행하며 이방인을 위한 교회를 세워나간 바울의 선교 전략이 강조된다. 특히 예루살렘 총회를 통해 이방인에게 율법을 강요하지 않는 원칙이 정립되며, 이는 바울 복음의 핵심으로 제시된다.

23 칭의란 무엇인가
최갑종, 새물결플러스, 2016

저자 최갑종은 칭의를 '그리스도의 공로를 근거로 하나님이 죄인을 의롭다고 단회적이자 확정적으로 선언하는 사건'으로 정의한다. 이러한 선언은 오직 예수 그리스도의 공로에 기반하며, 이를 받아들이는 수단은 온전히 '믿음'임이 강조된다. 저자는 칭의가 성화와 구분되나 분리될 수는 없으며, 앞선 것은 신분상의 선언이고, 후자는 삶의 내적 변화를 의미한다고 소개한다. 이 책은 전가(imputation) 교리가 여전히 성경적 근거를 갖춘 핵심 교리로 유효하다고 밝힌다. 최종 심판 시 칭의는 철회되지 않지만, 성화의 결여는 구원의 완성과 긴장 관계를 형성할 수 있다는 통찰을 제시한다.

24 칭의를 다시 생각하다
스티븐 웨스터홈, IVP, 2022

저자 웨스터홈은 현대의 바울 해석이 지나치게 '서구인의 내면적 죄의식'에 치우친 나머지 칭의의 핵심, "어떻게 죄인이 의롭다 선언받는가"를 오해하고 있다고 지적한다. 저자는 스텐달, 샌더스, 라이트, 던, 캠벨 등 주요 새관점 학자들의 주장을 조목조목 분석하며, 전통적 개신교의 칭의 교리가 여전히 성경에 충실하다고 주장한다. 특히 칭의는 단지 유대인과 이방인의 공동체 문제를 다루는 것이 아니며, 칭의에서는 '죄인에 대한 하나님의 은혜 선언'이라는 가장 근본적인 차원을 중시한다. 저자는 전가(imputation) 교리를 옹호하며, 그리스도의 의가 믿는 자에게 전가되고, 인간의 행위는 칭의의 근거가 아니라 결과로 이해해야 한다고 강조한다. 이 책은 1세기 바울의 상황에 충실한 문자적·역사적 해석에 기반해, 전통적 칭의 교리가 여전히 오늘날 복음 이해의 중심임을 설득력 있게 제시한다.

25 칭의, 균형 있게 이해하기
박재은, 부흥과개혁사, 2016

이 책은 하나님의 주권과 인간의 역할 사이에서 균형을 잃은 과거와 현대의 칭의론들을 비판적으로 분석하며 균형 있는 이해를 추구한다. 저자 박재은은 아르미니우스주의, 반율법주의, 신율법주의, 하이퍼 칼빈주의 같은 역사적 논쟁, 그리고 페더럴 비전과 '바울의 새관점' 같은 현대 이론들의 장단점을 공정하게 평가한다.

저자는 헤르만 바빙크와 헤르만 비치우스의 전통적 개혁파 칭의론을 참고하며, 법정적 선언과 실제적 삶의 적용 사이에서 구분이 필수적임을 강조한다. 전문 신학 주제를 평신도도 이해할 수 있는 언어로 풀어내며, 교회와 신앙 공동체에 실제적인 담론과 통찰을 제공한다.

이 책은 칭의 교리에 대한 균형 잡힌 시각을 통해 불필요한 신학적 분열을 줄이고, 성도들의 신앙적 혼란을 해소하는 데 기여한 점이 돋보인다.

26 바울을 논하다
N. T. 라이트, 감은사, 2023

이 책에서 저자는 전통적인 서구 교리의 틀에서 벗어나, 바울을 1세기 유대교의 내러티브 안에서 재해석해야 한다고 주장한다. 저자는 예수 메시아의 도래가 이스라엘의 언약적 이야기의 완성이며, 이를 통해 유대인과 이방인이 하나의 메시아 공동체로 통합된다고 본다. 저자는 칭의를 단순한 개인 구원의 개념이 아닌 하나님의 백성으로의 신분 선언, 곧 공동체 정체성의 표지로 해석한다. 칭의 개념을 언약적이며 법정적인 선언으로 보되, 그 실제적 표지로서 믿음과 세례 같은 삶의 실천을 중시한다. 이 책은 방대한 역사적 자료와 신학적 통찰을 통해 바울신학과 현대 교회를 위한 공동체 중심의 신앙 이해를 촉구한다.

27 성화의 신비
박영선 목사, 무근검(남포교회출판부), 2019

이 책은 성화를 예수 그리스도와의 연합 속에서 이루어지는 점진적인 삶의 과정으로 정의하며, 단순한 도덕 향상이 아닌 하나님 중심의 변화로 본다. 성화의 여정에서 경험하는 실패와 좌절, 그리고 갈등은 신앙의 후퇴가 아니라 하나님이 깊이 개입하시는 은혜의 자리로 해석된다. 저자 박영선은 성화란 자기의를 깨뜨리고 오직 하나님의 은혜에 의지하도록 이끄는 영적 훈련임을 강조한다. 이 책은 이론적 설명뿐 아니라, 다윗, 베드로, 바울 등 성경 인물들의 실제 삶을 통해 성화가 얼마나 실천적이며 신비로운지 드러낸다. 결국 성화는 인간의 결심이 아닌 하나님의 주권 속에서 완성되어가는 관계 중심의 여정이라는 신학적 통찰을 제시한다.

28 예수님에 관한 새관점
제임스 D. G. 던, CLC(기독교문서선교회), 2010

이 책에서 저자 제임스 던은 역사적 예수 연구가 흔히 잘못된 전제 위에 서 있으며, 복음 전승의 형성 과정은 신앙 공동체의 믿음에서 비롯되었다고 강조한다. 복음서는 문서 이전에 구전 전통에 의해 형성되었으며, 이를 간과하면 예수에 대한 연구는 본질을 놓칠 수 있다고 경고한다. 저자는 학자들이 비전통적 예수를 찾으려 하는 시도는 오히려 예수의 유대적 정체성과 신앙 공동체의 기억을 무시하는 오류라고 지적한다. 역사적 예수는 '사실로서의 인물'이기보다 '기억된 예수'로서, 초대 제자들의 신앙과 체험 속에 형성된 존재로 이해해야 한다고 주장한다. 저자는 역사적 비평과 신앙적 해석의 조화를 통해 예수 연구가 학문성과 경건성을 아우르는 새로운 길을 제시해야 한다고 강조한다.

29 칭의 교리에 대한 도전에 답하다
가이 워터스 외 14인, 솔라피데출판사, 2012

이 책은 마르틴 루터가 '교회가 서기도 하고 무너지기도 하는 조항'이라고 일컬은 칭의 교리가 현대 교회에서 다양한 새관점 진영에 의해 도전받고 있음을 지적한다. 개혁주의 신학자들이 톰 라이트와 페더럴 비전 같은 최근 학자들의 이론을 성경적 관점에서 하나씩 검토하며, 칭의의 핵심 교리를 방어한다. 바울신학과 전가의 교리를 재조명하며, 행위 기반의 언약 주장이 칭의 교리를 흐릴 위험을 경고한다. 언약, 상속, 그리스도의 능동적 순종 등과 연결하여, 칭의 교리가 복음의 포괄적 구조 안에서 어떻게 자리 잡는지를 설명한다. 이 책은 다양한 공저자의 글을 통해 전통적인 칭의 교리를 성경적·역사적·신학적으로 재확인하고, 이를 통해 교회 내의 혼란을 바로잡고 탄탄한 신앙적 토대를 제공하려 한다.

30 바울이 전하는 세 가지 구원의 길
가브리엘레 보카치니, 학영, 2023

저자 보카치니는 바울이 유대교와 초기 예수 운동의 유산을 버리지 않았으며, 바울을 유대교 내부의 인물로 재해석할 필요가 있다고 주장한다. 저자는 바울에게 (대상에 따른) 세 가지 서로 다른 구원의 길이 있었다고 제안한다. (유대인을 위한) 토라에 대한 충성의 길, (이방인을 위한) 양심과 자연법에 따른 선행의 길, 그리고 (모든 죄인을 위한) 그리스도를 통한 믿음의 길이다. 이를 통해 이중적이거나 단일한 구원론이 아니라, 바울이 각 문화권에 따라 다양하게 구원의 길을 제시했음을 강조한다. 칭의는 최후 심판 직전에 믿음으로 부여되는 용서이며, 이는 묵시적 유대교 전통 속에서 심화된 이해라고 소개한다. 저자는 이 책에서 바울을 "죄인들을 향한 하나님의 자비의 메신저"로 재확립하며, 바울의 신학적 긴장과 유대교적 뿌리를 새롭게 드러낸다는 점에서 학계와 교계에 도발적인 통찰을 제공한다.

31 현대 칭의론 논쟁: 김세윤의 유보적 칭의론 고찰
고경태 외 10인, CLC(기독교문서선교회), 2017

이 책은 김세윤의 유보적 칭의론이 종말론적 구조 속에서 칭의를 최종 심판에 유보한다고 보는 점을 집중 분석한다. 김세윤의 유보적 칭의론이 그리스도의 의의 전가 대신 성령 안에서의 실재적 연합과 순종을 강조하며, 행위 없는 믿음은 최종 구원에 이를 수 없다고 주장한 것을 비판하는 것이다. 책의 필자들은 이러한 입장이 전통적 이신칭의 교리를 훼손하고, 결국 인간의 행위를 조건으로 삼는 구원론으로 흐를 위험이 있다고 경고한다. 또한 김세윤의 성경 해석이 지나치게 구조화되어 본문 중심 해석을 벗어난다고 비판한다. 이 책은 종교개혁 전통에 입각한 칭의 이해의 회복을 촉구하며 복음의 본질 수호를 강조한다.

32 구원이란 무엇인가
김세윤, 두란노, 2023

저자 김세윤은 구원을 단순한 '죄 사함'이나 '천국행 티켓'이 아닌 그리스도와의 인격적 연합 안에서 성령에 의해 변화되는 존재론적 구속으로 정의한다. 저자는 '칭의', '성화', '영화'를 분리된 단계가 아닌 구원의 통합적 사건으로 이해하며, 성령 안에서의 참여(participation)가 핵심임을 강조한다. 구원은 은혜로 시작되지만, 믿음 안에서의 순종과 성령의 열매 맺음이 반드시 따라야 할 여정으로 본다. 이는 개혁신학의 전통적 틀과 달리 유보적 종말론적 구원 구조를 전제한다. 저자는 구원이 삶 전체를 변화시키는 하나님의 능동적 통치 안으로 들어가는 실존적 사건임을 역설한다.

33 바른 신앙을 위한 질문들
김세윤, 두란노, 2015

저자 김세윤은 신앙의 본질을 묻는 핵심 질문들을 통해 복음의 전인격적 의미와 제자도의 중요성을 강조한다. 저자는 단순한 교리 암기나 감정적 체험이 아닌 그리스도와의 인격적 연합과 순종의 삶이 참된 신앙임을 주장한다. 특히 구원의 문제에서는 '이미와 아직'의 종말론적 긴장 속에서 현재적 참여와 미래적 완성을 함께 바라보아야 한다고 강조한다. 저자는 바울신학에 기초해, 칭의는 단지 선언이 아니라 성령 안에서의 새 삶의 시작임을 역설한다. 이 책은 신앙을 단순한 지식이나 보장된 상태가 아닌 하나님 나라의 실제적 참여와 헌신의 여정으로 새롭게 이해하도록 도전한다.

34 새 바울신학
심승규, CLC(기독교문서선교회), 2023

저자 심승규는 E. P. 샌더스, 제임스 던, 톰 라이트 등으로 이어지는 새관점의 흐름을 정리하고, 그것이 전통적 개혁신학과 어떻게 충돌하는지를 분석한다. 저자는 새관점이 바울의 율법 비판을 유대교의 배타성과 민족주의에 대한 비판으로 이해하고, 칭의를 공동체 정체성 선언으로 축소하는 오류를 범한다고 본다. 저자는 새관점의 이러한 해석이 결국 복음의 본질인 이신칭의와 의의 전가를 훼손한다는 점에서 비판한다. 또한 바울신학의 중심은 죄 사함과 칭의, 그리스도와의 연합, 은혜에 의한 구원임을 강조하며, 성경 본문 중심의 신학을 회복할 것을 촉구한다. 이 책은 새관점에 대한 균형 잡힌 이해와 개혁주의 신학의 입장에서의 바른 바울 해석을 제시하는 안내서로서의 역할을 한다.

35 바울, 율법, 유대인
E. P. 샌더스, 감은사, 2021

저자 샌더스는 전통적으로 오해된 제2성전기 유대교를 '행위 구원' 종교가 아니라 언약 속의 은혜에 기초한 '언약적 율법주의'로 재정의한다. 저자는 유대인들이 율법을 통해 구원을 '얻는' 것이 아니라 언약 안에 머무르기 위한 삶의 방식으로 율법을 지켰다고 설명한다. 바울에 대해서는 유대교에 대한 잘못된 비판보다 그리스도 중심 구원론으로 인해 율법이 불필요해졌다고 보았다고 해석한다. 이에 따라 샌더스는 바울이 유대교 자체를 거부했다기보다 예수 안에서 새로운 구원의 길을 선포했기 때문에 율법을 배제한 것이라고 본다. 이 책은 새관점의 출발점이 된 문제작으로, 이후 바울 이해에 결정적 전환을 일으킨다.

36 복음이란 무엇인가
김세윤, 두란노, 2011

저자 김세윤은 복음을 단순한 구원의 소식이나 죄 사함의 선언으로 축소해서는 안 되며, 예수 그리스도의 주되심과 하나님 나라의 통치 선언으로 이해해야 한다고 강조한다. 저자는 복음을 개인 구원의 메시지 차원을 넘어 하나님 나라의 실현과 공동체적 변화로 확장시킨다. 복음은 예수의 십자가와 부활을 통해 시작된 새 창조의 현실이며, 믿는 자는 그리스도와 연합하여 새 삶에 참여한다고 설명한다. 따라서 참된 복음은 존재의 변화와 순종의 삶, 성령의 열매를 동반하는 전인격적 복종을 요구한다. 이 책은 복음의 본질을 회복하고, 그리스도를 따르는 삶 전체가 복음의 응답임을 깨우쳐 준다.

37 칭의 논쟁
마이클 호튼 외, 새물결플러스, 2015

이 책은 복음주의 내에서 서로 다른 칭의 이해를 대표하는 다섯 명의 신학자가 각자의 입장을 제시하고, 상호 비판을 주고받는 방식으로 구성된 책이다.

마이클 호튼(전통적 개혁주의)은 칭의를 법정적 선언으로 보며, 그리스도의 의가 믿는 자에게 전가된다고 주장한다.

제임스 던(새관점)은 칭의를 유대인과 이방인 간의 경계 해체 선언으로 보며, 공동체 정체성이 핵심이라고 본다.

마이클 버드(중도적 관점)는 전통과 새관점을 종합하여 칭의를 법정적 선언이자 언약적 관계의 회복으로 설명한다.

부르스 매코믹(개정된 루터주의)은 하나님의 말씀이 신자를 새 존재로 창조한다는 실재적 변화를 강조한다.

프랭크 틸만(성경적 관점 강조)은 성경 전체에서 칭의가 오직 믿음을 통한 은혜의 선물임을 강조하며, 행위는 열매일 뿐, 조건이 아니라고 본다. 이 책은 복음주의 내 칭의 이해의 스펙트럼을 보여주며, 독자가 신학적 입장을 분별할 수 있도록 돕는다.

38 바울에 관한 다섯 가지 관점
스캇 맥나이트, B. J. 오로페자 엮음, 감은사, 2023

이 책은 바울신학에 대한 대표적 해석 다섯 가지를 제시하고, 상호 논평을 통해 그 차이를 조명하는 책이다.

토머스 슈라이너(전통적 개혁주의 관점)는 바울을 죄인에게 의를 전가하시는 하나님의 은혜를 전하는 복음의 사도로 본다.

루크 팀 보이드(가톨릭 관점)는 믿음과 함께 사랑으로 역사하는 행위가 칭의와 구원에 필수적이라고 강조한다.

더글러스 캠벨(급진적 새관점)은 바울이 율법주의 자체를 반대한 것이 아니라 조건적 구원 자체를 거부했다고 주장한다.

마크 니노발(포스트신학적 관점)은 바울을 해체적이며 해방적인 사상가로 해석하며, 전통적 교리를 넘어서려 한다.

마이클 버드(중재적 새관점)는 바울이 칭의와 언약 공동체를 동시에 강조한 복합적 사고를 가졌다고 평가한다.
이 책은 바울 해석의 다양한 흐름을 일목요연하게 보여주며, 독자로 하여금 신학적 입장을 정립하도록 돕는다.

39 최근 바울신학 동향
조셉 플레브닉, CLC(기독교문서선교회), 2007

저자 플레브닉은 현대 신학자들이 바울 서신 중 일부 7개(고린도전서, 고린도후서, 갈라디아서, 로마서, 빌립보서, 빌레몬서, 데살로니가전서)를 진정한 바울 서신으로 인정한다는 걸 지적한다. '칭의' 교리는 종교개혁의 중심이었으나, 1960년대 이후 슈바이처, 스텐달, 샌더스 등이 칭의에 대한 전통적 해석을 비판한 새관점의 해석을 제시한다. '하나님의 의'를 단순한 법정적 개념이 아니라 언약적 신실함과 구원 행위로 보며, 새관점의 기초를 놓는다. 이런 상황 가운데, 개신교의 '전가' 개념은 가톨릭과 새관점에서는 받아들여지지 않으며, 종말론적 칭의나 신인협력의 구조로 대체되기도 한다. 이 책은 바울신학이 점차 이방인 포용, 공동체 중심, 언약 신학의 관점으로 확장되며, 전통과 현대 해석 사이의 긴장이 계속되고 있음을 기술한다.

40 성화란 무엇인가
이윤석, 부흥과개혁사, 2017

저자 이윤석은 성화를 단순한 도덕적 변화가 아닌 하나님의 형상 회복이라는 구속사적 관점에서 설명한다. 저자는 성화를 '이미 이루어진 동시에 아직 완성되지 않은' 구원의 과정으로 보면서, 종말론적 긴장 속에서 해석한다. 성화의 주체는 철저히 성령이며, 인간은 순종과 신뢰로 참여하는 존재임을 강조한다. 성화는 단지 윤리적 실천이 아니라 예수 그리스도와의 연합 안에서 이루어지는 전인격적 변화라고 말한다. 이 책은 개혁주의 전통에 뿌리를 두되 현대적 언어로 성화 교리를 풀어내며, 신자들의 실제적 경건 생활을 돕고자 한다.

41 질문하며 읽는 바울신학
윤석길, 신앙과지성사, 2022

이 책은 바울의 신학을 신학생과 목회자, 평신도들이 쉽게 이해할 수 있도록 질문-답변 형식으로 구성한 입문서이다. 저자 윤석길은 바울신학의 핵심 주제인 칭의, 구속, 연합, 종말론, 교회론 등을 신학적으로 정리하면서도 실제적 목회 적용과 연결시킨다. 바울의 사상은 단절이 아닌 유대교 전통과의 연속성 안에서 새롭게 재해석된 그리스도 중심의 복음으로 제시된다. 저자는 바울 서신 전체를 망라하며, 본문 중심의 성경적 바울신학 정립을 강조한다. 이 책은 바울신학을 둘러싼 현대 신학적 논쟁들을 쉽게 풀어내며, 독자가 바울의 신학적 의도를 질문하며 따라가도록 안내한다.

42 바울의 생애와 신학
박헌욱, 대한기독교서회, 2005

이 책은 바울의 회심 이전부터 순교에 이르기까지의 생애를 연대기적으로 정리하며, 그의 사역과 신학이 형성된 역사적·문화적 배경을 면밀히 조명한다. 저자 박헌욱은 바울을 단순한 교리 전파자가 아닌 복음에 헌신한 선교적 신학자로 이해하며, 그의 삶과 신학이 긴밀히 연결되어 있음을 강조한다. 특히 '칭의', '그리스도와의 연합', '하나님의 의', '성령', '종말론' 등의 주제를 중심으로 바울신학의 핵심 개념들을 정리한다. 바울 서신들의 구성과 각 서신에서 드러나는 신학적 강조점들을 비교·분석하여, 그의 신학의 통일성과 다양성을 동시에 조명한다. 이 책은 바울을 입체적으로 이해하고자 하는 독자에게 신학과 삶, 사역과 메시지가 통합된 인물로서의 바울을 깊이 있게 제시한다.

43 바울은 그렇게 가르치지 않았다
게리 윌스, 돋을새김, 2012

이 책에서 저자 게리 윌스는 바울을 교리 창시자가 아니라 예수의 메시지를 계승한 유대인 선지자적 사도로 묘사한다. 저자는 바울 서신이 체계적 신학 문서가 아니라 당시 교회 공동체와의 실제적이고 긴박한 대화로 이해되어야 한다고 강조한다. 저자는 바울이 말한 '믿음'을 지적 동의가 아니라 하나님과 예수 그리스도에 대한 신뢰와 충성의 관계로 해석한다. 바울의 복음은 율법 폐기나 개인 구원의 선언이 아니라 사랑과 해방, 공동체 회복을 향한 실천적 복음이었다고 본다. 이 책은 바울을 기존 교리 중심 해석에서 벗어나 윤리적이고 공동체 중심적인 복음의 선포자로 재해석한다.

44 최근의 바울 서신 연구
캘빈 로첼, 은성, 2023

저자 캘빈 로첼(Calvin J. Roetzel)은 바울 서신을 교리를 전달하는 문서가 아니라 교회와의 실제적 대화로 이해하며, 각 서신의 역사적 맥락을 중시한다. 저자는 정통 바울 서신 7편을 중심으로 바울의 신학과 사역을 맥락적이고 실천적인 관점에서 해석한다. 바울의 율법 이해는 단순한 폐지가 아닌 언약 공동체 안에서의 정체성 재구성으로 본다. 로첼은 바울이 당대 유대교와 로마 제국 문화 속에서 복음을 상황에 맞게 재구성한 인물이라고 강조한다. 이 책은 바울 서신을 살아 있는 목회적 메시지로 받아들이도록 안내하며, 독자의 적극적인 해석과 응답을 촉구한다.

45 성화란 무엇인가?
싱글레어 퍼거슨, 부흥과개혁사, 2010

저자는 성화를 하나님께 '구별된 삶'으로의 부르심이며, 단순한 도덕적 향상이 아니라 그리스도와의 연합에서 나오는 존재의 변화라고 정의한다. 성화는 오직 성령의 사역을 통해 가능하며, 믿는 자는 은혜 아래에서 능동적으로 거룩함에 이르도록 부름받았다고 강조한다. 저자는 성화를 칭의 이후의 선택적 과정이 아니라 구원에 내재된 필연적 여정으로 보며, 이를 위해 전인격적 헌신을 요구한다. 저자는 구약과 신약의 성화 개념을 유기적으로 연결하며, 언약과 말씀, 성령의 역사 속에서 성화가 자란다고 설명한다. 이 책은 성화를 신학적 체계와 실제적 적용 모두에서 탄탄하게 설명하며, 거룩한 삶을 사모

하는 신자들에게 깊은 영적 통찰을 제공한다.

46 칭의
프란시스 투레틴, 솔로몬, 2018

저자 투레틴은 칭의를 하나님께서 죄인을 의롭다고 법적으로 선언하시는 행위로 보며, 그 근거는 인간의 의가 아니라 그리스도의 의의 전가라고 주장한다. 저자는 칭의와 성화를 철저히 구분하며, 칭의는 단번의 선언, 성화는 점진적인 성령의 사역이라고 본다. 믿음은 칭의의 수단일 뿐 공로가 아니며, 행위는 구원의 조건이 아니라 결과로서 나타나는 열매로 이해한다. 칭의는 전적으로 하나님의 은혜에 기초하며, 인간의 내적 변화나 순종이 아니라 그리스도의 사역에 대한 신뢰에 근거한다. 저자는 칭의를 언약과 그리스도와의 연합 안에서 이해하며, 구속사적 틀 안에서 하나님의 주권적 은혜가 중심이 되어야 한다고 강조한다.

47 성화, 균형 있게 이해하기
박재은, 부흥과개혁사, 2017

저자 박재은은 성화를 칭의와의 구분 속에서 조화롭게 이해해야 한다고 주장하며, 성화가 구원의 열매이지 조건이 아님을 강조한다. 저자는 성화를 하나님의 주권과 인간의 책임 사이의 균형 속에서 진행되는 성령의 역사로 설명한다. 성화는 단순한 윤리적 개선이 아니라, 그리스도와의 연합에서 비롯된 실존의 변화라고 말한다. 성화의 본질, 과정, 열매를 성경 중심으로 정리하며, 개혁주의 신학 위에 실제적 경건 훈련의 방향을 제시한다. 이 책은 성화에 대한 율법주의적 오해와 무율법주의적 반응 모두를 경계하며, 복음적 기준 안에서 바른 성화의 이해를 촉구한다.

48 하나님의 칭의론
알리스터 맥그래스, CLC(기독교문서선교회), 2015

저자 맥그래스는 칭의 교리를 초대교회부터 종교개혁, 그리고 현대에 이르기까지 역사적으로 추적하며, 그 변천 과정을 정밀하게 분석한다. 저자는 루터와 칼빈의 칭의론이 중세의 '의화'(義化) 중심 구원론에 대한 급진적인 전환이었다는 점을 강조한다. 특히 칭의를 법정적 선언으로 본 개혁주의 전통이 신학사에서 얼마나 독특한 기여였는지를 부각한다. 저자는 로마 가톨릭과 개신교의 차이점을 설명하면서도, 최근의 상호 이해와 대화의 가능성도 함께 모색한다. 이 책은 칭의 교리를 신학적·역사적·교파적 관점에서 통합적으로 정리한 대표적 연구서로 평가된다.

49 성화론
아더 핑크, 도디드, 2023

저자 핑크는 성화를 칭의와 구분되는 필연적 결과로 보고, 참된 구원에는 반드시 거룩한 삶이 뒤따른다고 강조한다. 저자는 성화를 하나님의 주권적 은혜와 인간의 순종이 함께 작용하는 과정으로 설명하며, 성령의 내주 사역을 핵심으로 삼는다. 성화는 단순한 외적 도덕 개선이 아니라 내면의 죄성과 싸우며 점진적으로 그리스도를 닮아가는 여정이다. 저자는 성화를 지나치게 감정적 체험에 의존하거나, 반대로 무력한 수동성으로 떨어지는 오류를 경계한다. 이 책은 성경에 근거하여, 진정한 성화는 반드시 실천적이고 열매 맺는 삶으로 나타나야 함을 강조하는 고전적 개혁주의 설명서이다.

50 성화의 길
존 넬슨 다비, 형제들의 집, 2010

고전적 세대주의자인 저자 다비는 성화를 그리스도와의 연합을 통한 신분의 변화에서 출발하는 과정으로 이해하며, 신자의 위치(identity)가 실질적 삶으로 연결되어야 함을 강조한다. 저자는 성화가 율법의 요구를 충족시키는 행위가 아니라 은혜 안에서 이미 주어진 거룩함에 따른 실천적 순종이라고 설명한다. 성화는 인간의 노력보다 성령의 내주와 말씀의 능력에 의해 이루어지는 것이며, 육신을 따르지 않고 영을 따라 사는 삶으로 나타난다고 말한다. 저자는 성화의 과정에서 자기부인의 중요성을 강조하며, 자아의 죽음을 통해 그리스도의 생명이 드러나야 한다고 본다. 이 책은 성화를 하나님의 은혜에 기반을 둔 신자의 정체성과 삶의 일치로 이해하도록 돕는다. 세대주의 신학의 맥락에서 쓰인 고전이다.